ANNUAL REPORT
ON INTELLECTUAL PROPERTY OPERATION
IN CHINA
（2018）

中国知识产权运营
年度报告
（2018）

国家知识产权局　组织编写

知识产权出版社
全国百佳图书出版单位
—北 京—

图书在版编目（CIP）数据

中国知识产权运营年度报告.2018／国家知识产权局组织编写.
—北京：知识产权出版社，2020.4

　ISBN 978－7－5130－6540－5

　Ⅰ.①中… Ⅱ.①国… Ⅲ.①知识产权—研究报告—中国—2018
Ⅳ.①D923.404

中国版本图书馆 CIP 数据核字（2019）第 230892 号

责任编辑：崔开丽　王小玲　　　　　责任校对：潘凤越
封面设计：智兴设计室·张国仓　　　责任印制：刘译文

中国知识产权运营年度报告（2018）

国家知识产权局　组织编写

出版发行：知识产权出版社 有限责任公司	网　　址：http：//www.ipph.cn
社　　址：北京市海淀区气象路 50 号院	邮　　编：100081
责编电话：010－82000860 转 8377	责编邮箱：419916161@qq.com
发行电话：010－82000860 转 8101/8102	发行传真：010－82000893/82005070/82000270
印　　刷：三河市国英印务有限公司	经　　销：各大网上书店、新华书店及相关专业书店
开　　本：720mm×1000mm　1/16	印　　张：12
版　　次：2020 年 4 月第 1 版	印　　次：2020 年 4 月第 1 次印刷
字　　数：172 千字	定　　价：68.00 元
ISBN 978－7－5130－6540－5	

编 委 会

编 写 组

执 笔 人

绪　论：饶波华　吕　律　孙涛涛
第1章：崔国振　吕　律　张思齐
第2章：崔国振　甘子珍　严济洋
第3章：贾立娜　杨　青　甘子珍
第4章：崔国振　路宏波　孙涛涛
第5章：亢娅丽　余　博　姜海飞
第6章：孙涛涛　程　铖
第7章：孙涛涛　陈　伟
第8章：孙涛涛　和家慧
第9章：孙涛涛　徐俊峰

统稿人：胡军建　饶波华

前　言

2018 年是中国知识产权事业发展历程中具有里程碑意义的一年。伴随着改革开放的深入推进，中国知识产权事业不断发展壮大，实现了从制度引进到适应国情、植根本土的重要转变。知识产权量质齐升，中国成为推进全球知识产权发展的巨大驱动力量。知识产权保护更加严格，知识产权管理体系发生根本性变化。知识产权价值实现方式已完成从实施到运营的升级发展，各类创新主体和服务机构开始主动探索知识产权运营的新模式、新路径。

当前，中国经济正在迈向创新引领的高质量发展之路。知识产权作为国家发展的战略性资源和国际竞争力的核心要素，创新赖之以赢，产业赖之以强。充分发挥知识产权制度供给和资源供给的双重作用，对于提升产业创新力与竞争力、实现经济高质量发展具有重要意义。知识产权运营是有效运用知识产权规则、权利和信息，通过专业运作和综合运用，提高知识产权布局保护水平与市场控制能力，提升生产效率、品牌价值和产品竞争力，从而实现知识产权价值最大化的手段和过程的总称。2014 年以来，国家知识产权局会同财政部深入推进全国知识产权运营体系建设，先后支持开展了平台建设、机构培育、基金设立和重点城市建设等工作，积极构建"平台、机构、资本、产业、人才"五位一体的知识产权运营体系。也是从 2014 年起，在国家知识产权局指导下，知识产权出版社梳理分析中国专利转让、许可和质押等运营数据，收集总结中国专利运营典型案例和模式，连续 5 年编写发布了《中国专利运营状况研究报告》，为政府决策和行业发展提供了全面翔实的专利运营数据支撑。

2018 年，按照党和国家机构改革部署，国家知识产权局顺利完成重新组建的工作，实现了专利、商标、原产地地理标志、集成电路布图设计等知识产权的集中统一管理。《中国知识产权运营年度报告（2018）》也迎来了"扩容升级"，首次将商标纳入分析对象，设置了转让许可篇、金融投资篇和资产管理篇，从政策设计与基层实践、数据分析与案例剖析等不同维度，力图较为全面地勾勒出中国知识产权运营业态发展的全貌。总体来看，中国专利、商标等知识产权的运营活动愈发活跃，转让许可次数合计超过 65 万次；知识产权金融服务创新加速，知识产权资产管理日趋完善，知识产权运营的综合效益正在不断释放。

总结过去的目的在于促进未来更好地发展。希望《中国知识产权运营年度报告（2018）》不仅是一部 2018 年中国知识产权运营情况的全景描绘，具有资料价值，而且能为相关从业者今后开展知识产权运营工作提供有益的借鉴，并进一步产生促进知识产权价值实现的积极影响。

何志敏

2019 年 11 月

目　录

转让许可篇

金融投资篇

资产管理篇

绪　论

习近平总书记在博鳌亚洲论坛 2018 年年会开幕式上的主旨演讲中强调："加强知识产权保护。这是完善产权保护制度最重要的内容，也是提高中国经济竞争力最大的激励。"这句话高度概括了知识产权与经济高质量发展的内在关系。加强知识产权保护既需要政府有力的手，强化知识产权执法和司法保护，也需要市场有为的手，培育和布局保护范围宽、市场控制力强的高价值专利，以知识产权运营提升和实现创新价值。简单地说，知识产权运营旨在运用知识产权制度、经营知识产权权利，涵盖知识产权布局培育、转移转化、价值评估、投融资、竞争工具等各个方面，通过有效运营，达到促进知识产权价值最大化的目的。近年来，按照党中央、国务院关于强化知识产权运用的一系列重大决策部署，为促进知识产权价值实现，国家知识产权局会同财政部、中国银行保险监督管理委员会（以下简称银保监会）等相关部门，不断完善政策措施，以建设知识产权运营服务体系，提供高水平知识产权布局和转化服务；以创新知识产权金融服务，搭建资本与创新连接的桥梁；以强化知识产权资产管理，激发企业内生创新活力。各类创新主体在一系列政策的引导带动下，主动探索知识产权价值实现的新模式、新路径，知识产权运营工作蓬勃发展。

知识产权运营体系建设方面，2014 年 12 月，财政部办公厅、国家知识产权局办公室印发了《关于开展以市场化方式促进知识产权运营服务工作的通知》，开启了全国知识产权运营服务体系建设的序幕。此后每年均通过专项工作通知的形式，对全国知识产权运营服务体系建设进行部署。2014—2016 年为第一个三年，主要是打基础、搞试点，在平台、机构、基金等方面开展一系列试点探索和项目布局，先后在北京、西安和珠海分别建设国家知识产权运营公共服务平台和特色试点平台；采取股权投资的方式，支持 15 家不同类型的知识产权运营机构创新发展；通过中央财政出资引导的方式，分两批设立 20 支省级和市级重点产业知识产权运营基金，为知识产权服务机构和科技型初创企业提供资本支持。2017—2019 年为第二个三年，主要是搞集成、建生态，分三批支持 26 个重点城市（城区）建设，向节点集中，将链条延伸，打造辐射区域、示范全国的城市运营生态圈。2019 年 5 月 7 日，财政部办公厅和国家知识产权局办公室印发了《关于开展 2019 年知识产权运营服务体系建设工作的通知》，该通知明确要求"在已开展的试点工作基础上，以创新资源集聚度高、辐射带动作用强、知识产权支撑区域发展需求迫切的重点城市为载体，开展知识产权运营服务体系建设"，通过知识产权运营，探索知识产权引领创新经济、品牌经济和特色产业高质量发展的全新路径。在此期间，国家知识产权局还按照地方申请，批复建设了中国（南方）知识产权运营中心等 3 个运营中心和国家知识产权运营公共服务平台国际运营（上海）试点平台等 3 个运营平台，全国知识产权运营平台体系进一步完善。

知识产权金融服务方面，自 2008 年《国家知识产权战略纲要》颁布以来，我国知识产权金融服务从无到有、从小到大，全国知识产权系统与各级金融主管部门、各类金融机构密切合作，通过完善政策、创新模式，扩大知识产权金融服务，有力促进了经济和社会发展。2017 年和 2018 年，"贷款、保险、财政风险补偿捆绑的专利权质押融资服务""以协商估值、坏账分担为核心的中小企业商标质押贷款模式"先后纳入国务院决定推广的支持创新相关改革举措清单。2019 年的政府工作报告专门对扩大知识产权质押融资提出明确要求。2019 年 4 月，国家知识产权局与中国人民财产保险股份有限公司再次签署战略合作协议，开启了第二个五年的知识产权保险战略合作，知识产权保险工作从创新探索试点阶段进入大知识产权风险保障全面落地推广的新阶段。2019 年 6 月，李克强总理主持召开国务院常务会议，研究支持扩大知识产权质押融资，做出单列信贷计划和放宽不良贷款率考核等重大部署，对全面加强知识产权质押融资工作提出了新的更高要求。2019 年 8 月，国家知识产权局联合银保监会、国家版权局发布《关于进一步加强知识产权质押融资工作的通知》，进一步促进银行和保险机构加大对知识产权运用的支持力度，扩大知识产权质押融资。

知识产权资产管理方面，知识经济时代，创新已成为企业发展的核心竞争力。作为激励创新的重要保障，知识产权在企业价值创造中的作用日益显著，并正在超越资本、土地等传统生产要素，成为企业关键性的战略资源。知识产权的价值识别、确认以及资产管理，成为企业生产经营的重要内容。随着知识产权在企业价值创造中重要性的日益凸显，现行的会计信息披露要求已难以满足会计信息使用者研判企业知识产权价值的需要。《国务院关于新形势下加快知识产权强国建设的若干意见》中明确提出"细化会计准则规定，推动企业科学核算和管理知识产权资产"的要求，在后续的分工方案中，进一步明确由财政部、国家知识产权局负责此项工作。2018 年 11 月，财政部、国家知识产权局联合印发了《知识产权相关会计信息披露规定》，对知识产权会计信息披露的使用范围、披露要求和实施与衔接等事项进行了规定，对于推动企业科学管理知识产权资产、提高相关会计信息的完整性和有效性有着重要意义。

《中国知识产权运营年度报告（2018）》从知识产权的转让许可、金融投资、资产管理三个方面，以专利和商标运营数据[①]为基础，将运营数据与典型案例有机结合，较为系统全面地勾勒出中国知识产权运营业态发展的全貌，旨在为有关企业机构和社会公众了解中国知识产权运营进展情况提供便利，为政府部门和各类创新主体、服务机构提供有力的知识产权运营数据支撑和决策依据。主要数据和案例分析情况如下。

---

① 报告中的专利和商标数据均来源于知识产权出版社 i 智库。

1. 专利运营数据总体分析

专利运营数据显示，2018 年我国专利运营总量增速放缓，向常态化方向稳步迈进。专利运营次数为 253,065 次，较 2017 年增长 2.1%，涉及专利件数达 235,811 件，较 2017 年增长 3.1%，运营次数和运营涉及的专利件数均呈现增速放缓的态势。从转让、许可和质押这三种专利运营的类型来看，专利转让仍然是专利运营的主流形式，专利质押增幅明显。2018 年，专利转让次数为 222,802 次，占当年专利运营总次数的88.04%。专利质押和专利实施许可的次数分别为 22,789 次和 7,474次，专利质押次数同比增长 34.85%，占总运营次数的比例由 2017 年的6.82% 提升至 9.01%，全年专利质押融资金额达 885 亿元。从专利类型来看，专利转让和实施许可以发明专利为主，专利转让中发明专利占58.16%，较 2017 年小幅提升了 4 个百分点；2018 年专利实施许可发明专利的占比进一步提升至 68.13%。专利质押的实用新型专利占比较高，连续三年基本维持在 60% 左右。从技术领域来看，电机、电气装置、电能，土木工程，机器工具，装卸和其他特殊机械领域专利运营的活跃程度较为突出。从专利运营的主体来看，专利许可人 TOP20 排行中高校和科研院所表现较为突出，南京林业大学、中国科学院计算技术研究所、南京邮电大学和江苏大学均榜上有名，其中南京林业大学为专利许可次数最多的中国本土权利人，共许可专利 694 次，受让人包括江苏、北京、安徽等地的 100 多家企业。高校和科研院所科技成果转化合同金额也在不断攀升，上海交通大学医学院一项肿瘤免疫治疗研究成果以 8.28 亿元许可费创造了专利运营转化的新纪录。从专利权质押质权人类型分布来看，银行占 61.65%，非银行金融机构（含融资性担保公司）占 33.93%。六大国有商业银行和城市商业银行在专利质押活动中持续发挥重要作用，六大国有商业银行和城市商业银行的专利权质押合同数之和占全年质押合同总数的 41.53%，是专利质押融资体系中最重要的金融参与者。融资性担保公司为主的非银行金融机构在专利权质押质权人类型中的占比已超过三成，成为专利质押融资体系中的重要组成部分。此外，农村金融机构的专利权质押合同数占全年总数的 15.42%，有 200 多家农村金融机构参与其中，惠及 700 多家企业，丰富了知识产权金融服务体系。2018 年专利质押合同数量排名前十的质权人中，国有大型商业银行占半数，中国银行股份有限公司、西安创新融资担保有限公司和中国建设银行股份有限公司位列前三。

2. 商标转让许可数据总体分析

2018 年，中国商标注册申请量达到 737.1 万件，有 393,373 件商标发生了转让，累计转让 397,214 次；有 19,011 件商标实施了许可，累计许可 26,894 次，其中有些商标发生了多次许可。从商标的转让情况来看，中国本土商标转让占全部商标转让的 93.5%。广东、浙江、北京商标转让活跃，其中广东省 2018 年的商标转让数量超过全国全年商标转让总量的 1/5。国外来华商标转让数量占中国整体商标转让数量的 6.5%，美国、英国、日本、韩国、德国较为突出。中国实施商标转让的本土转让人比较分散，主要转让人的转让数量占当年本国商标转让总量的比例都在 0.5% 以下；美国、英国、日本、韩国等国家商标转让的转让人相对比较集中，主要转让人的转让数量占比几乎都在 3% 以上。中国本土排名第一的梁翠清 2018 年商标转让数量仅占当年中国本土商标转让总量的 0.4%；国外来华的来自英属维尔京群岛的屈臣氏企业有限公司商标转让数量占 2018 年英国在中国商标转让总数的 34.4%。无论是中国本土还是国外来华的集团公司，其商标转让都以内部转让为主。各国商标转让类别有所区别，美国、日本和德国侧重科研用装置及仪器类商标，中国和英国侧重服装/鞋/帽类商标，韩国侧重清洁和梳妆用制剂领域。从商标的许可情况来看，2018 年国外来华的商标许可数量占全国商标许可总数量的 31.8%（商标转让占比为 6.5%），中国本土的商标许可数量占比下降到 68.2%（商标转让占比为 93.5%），广东的商标许可数量在 2018 年超过了全国的 1/10。广东和美国、日本企业的商标许可最活跃，美国等跨国大公司的商标许可比中国本土申请人活跃，如美国的埃克森美孚、科勒公司的商标许可数量都超过了中国本土排名第一的中国平安保险（集团）股份有限公司。中国实施商标许可的许可人比较分散，商标许可次数占比都在1.5%以下；国外来华商标许可人相对比较集中，如瑞士的雀巢产品有限公司商标许可次数占2018年瑞士在中国的商标许可总数的63.1%。排名前列的许可人和被许可人多来自欧洲、美国和日本。来自瑞士的雀巢产品有限公司、美国的埃克森美孚、日本的株式会社利富高排在前三位，中国的南方水泥有限公司、上海三联（集团）有限公司排在第四、第五位。国外许可人主要以内部许可为主，被许可人相对集中，安利（中国）日用品有限公司等TOP5被许可人的许可商标全部来自其内部关联公司；国内许可人的外部许可相对较多，但被许可人很分散。各国商标许可类别有所区别：中国本土的商标许可以医药品类为主，该类别也是2018年中国总体许可次数最多的商标类别；美国在工业用油和油脂领域商标许可次数最多；日本在科研用装置及仪器领域商标许可次数最多；瑞士在植物类食品领域商标许可次数最多。

3. 知识产权运营典型案例情况

为准确把握全国知识产权运营新业态、新模式，本报告从转让许可、金融投资、资产管理三个方面甄选了十余个2018年度较为典型的运营案例，兼顾了地方政府、国内外企业和高校院所等不同类型的主体，希望能从不同角度全面描绘中国知识产权运营的生动实践，为知识产权运营从业者提供启示和借鉴。

转让许可篇的案例部分，综合考虑专利运营数据显示度、运营主体的不同类型、所属不同行业和技术领域等因素，遴选了西安西电捷通无线网络通信股份有限公司、上海交通大学、燕加隆、成都新柯力化工科技有限公司四个企事业单位作为年度知识产权运营经典案例。西电捷通走出标准必要专利许可的专利运营模式，上海交通大学通过产学研合作促进高校院所科技成果转化，在尤尼林VS燕加隆的案例中能看到"中国创造"如何打破地板锁扣的专利枷锁，成都新柯力则开辟出一条生产型企业的专利运营探索之路。

金融投资篇的案例部分，在知识产权证券化方面，详述了第一创业 – 文科租赁一期资产支持专项计划和广州开发区知识产权证券化工作；在知识产权保险和质押融资贷款方面，介绍了四川德阳贷款、保险、财政风险补偿捆绑的专利权质押融资服务新模式及其以协商估值、坏账分担为核心的中小企业商标质押贷款模式；在知识产权运营基金方面，遴选了两支国家知识产权基金——北京国知智慧知识产权股权基金和北京市重点产业知识产权运营基金的运营案例，一支国家基金扶持下的社会化基金——中知厚德知识产权投资管理（天津）有限公司的运营案例。

资产管理篇的案例部分，既有四川省科技成果转化试点工作盘活高校知识产权资产的典型案例，也有上市公司长电科技资产管理方面通过专利评估作价成立合资公司的做法，还有中微公司通过专利布局保护公司核心技术实现资产增值的实践。

2018 年，按照党和国家机构改革部署，国家知识产权局的重新组建工作顺利完成，实现专利、商标、原产地地理标志、集成电路布图设计等知识产权的集中统一管理，为发挥知识产权组合效应、加强知识产权综合运用提供了体制保障。本报告在之前的中国专利运营年度报告基础上，首次升级为中国知识产权运营年度报告，进行了全新的篇章设计和内容编排。在数据和案例分析上，主要聚焦 2018 年的年度专利、商标运用数据。与此同时，本报告也对知识产权运营、金融、评估等相关政策演进、地方实践、理论发展、产品与方法等进行了总结梳理，且该部分内容并未囿于年度报告的时间限度，有的追溯到最初的发展起源，有的更新至 2019 年的最新情况，以便更好地呈现我国知识产权运营的历史脉络和发展全貌，从而提高报告的资料性、全面性和实用性。

转让许可篇

第1章 专利转让许可数据分析

1.1 2018 年专利转让数据分析

1.1.1 专利转让次数高位企稳，发明专利的转让次数和件数"双提升"

i 智库数据显示：2018 年，专利转让依然是中国专利运营的主要形式，全年转让次数为 222,802 次，涉及专利 208,781 件，平均每件专利转让了 1.07 次。2017 年，中国本土让与人/受让人转让活动的次数较 2016 年大幅增长 43.95%，增加至 223,097 次。受基数较大的影响，2018 年专利转让次数小幅下降 0.13%，占专利运营次数（专利转让次数、许可次数和质押次数之和）的比例也由 2017 年的 90.02% 小幅下降至 88.04%。如图 1 - 1 所示。

数据来源：知识产权出版社 i 智库

数据时间：法律状态公告日截止到 2018 年 12 月 31 日

图 1 - 1 中国专利转让次数变化趋势（2009—2018 年）

从 2018 年中国专利转让涉及的专利类型构成来看，发明专利仍然是专利转让活动的主要专利类型。2018 年，发明专利转让次数为 129,591次，较 2017 年的 122,147 次增加 6.09%，占总次数的比例为 58.16%，较 2017 年提升 4 个百分点；实用新型专利共计转让 76,743 次，占总次数的比例为 34.44%；外观设计专利共计转让 16,468 次，占总次数的比例为 7.39%。如图 1-2 所示。实用新型和外观设计两种专利类型的转让次数同比均呈现小幅下滑。

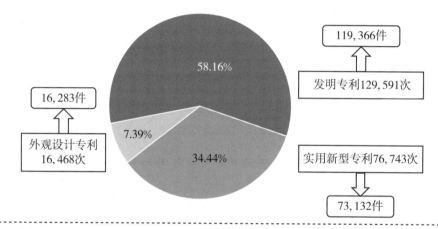

数据来源：知识产权出版社 i 智库

数据时间：法律状态公告日为 2018 年 1 月 1 日至 2018 年 12 月 31 日

图 1-2　2018 年中国专利转让涉及专利类型占比情况

尽管专利转让次数较 2017 年有小幅下降，但是 2018 年共有 208,781件专利进行了转让，较 2017 年增长 0.55%，主要是参与转让的发明专利数量提升明显所致。2018 年共有 119,366 件发明专利进行了转让，较2017 年的 110,834 件增长 7.70%。

1.1.2　中国本土专利转让占比进一步提升，日本、美国、瑞士和德国的权利人比较活跃

从 2018 年中国专利转让主体的地域分布情况来看，无论是专利转让还是专利受让，中国本土的让与人/受让人均占主导地位，且从近三年的数

据来看,这一比例有扩大的趋势。在整体转让数量小幅下降的背景下,中国本土让与人占比由2017年的88.55%提升至89.17%,中国本土受让人占比由2017年的88.50%增长至88.60%。如图1-3所示。

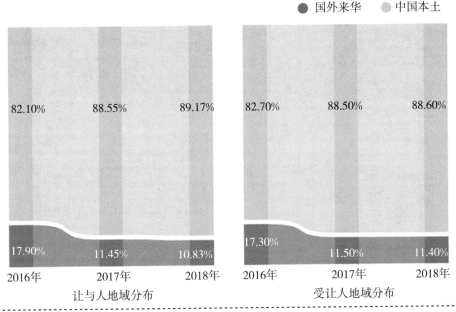

数据来源:知识产权出版社 i 智库
数据时间:法律状态公告日为2018年1月1日至2018年12月31日

图1-3　2016—2018年中国专利转让主体地域分布

　　从具体地域情况来看,与往年情况相类似,主要专利转让让与人所在国家依然较为集中。从国家分布情况来看,除中国外,2018年来自日本、美国、瑞士和德国的权利人参与专利转让活动较为频繁。在专利转让让与人所在国家的排名中,排名前五位的中国、日本、美国、瑞士和德国共计转让专利214,401次,占2018年全年总转让次数的96.23%。在专利受让人所在国家的排名中,排名前五位的中国、美国、日本、瑞士和德国共计受让专利213,933次,占2018年全年总受让次数的96.02%。具体到各个国家让与人的专利流向和各个国家受让人的专利来源,大部分的专利转让活动均是本国内部权利人之间的转让。如图1-4所示。

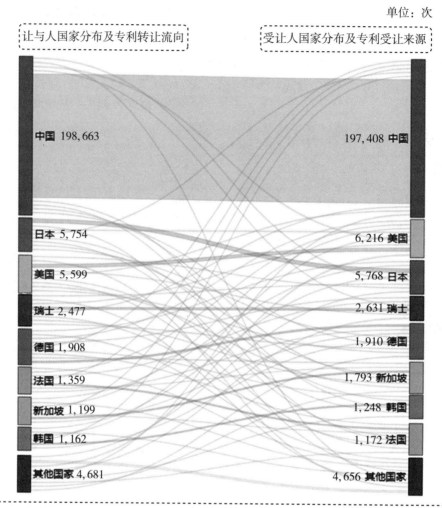

数据来源：知识产权出版社 i 智库

数据时间：法律状态公告日为2018年1月1日至2018年12月31日

注：分别挑选转让数量排名前八的让与人/受让人国家进行流向、来源分析，其余均归入其他国家

图1-4 2018年中国专利转让让与人/受让人重点国家分布及流向、来源

从让与人涉及国家角度来看，i 智库数据显示：2018年中国专利转让活动中的让与人分别来自78个国家。从排名前五的国家来看，来自中国的让与人进行的198,663次转让行为中，有196,344次转让给了中国受让人，占比为98.83%。同样，来自日本、美国、瑞士和德国的让与人的专

利转出行为也主要指向本国国内,其指向本国的专利转出次数占其各自专利转出总次数的比例分别为 88.13%、70.83%、85.39%、80.24%。从受让人涉及国家来看,情况也十分类似:中国受让人的专利让与人中,大部分也来自中国,在 197,408 次专利受让中,有 196,344 次来自中国让与人,占比为 99.46%。日本、瑞士和德国的专利转入同样主要来源于本国,其来自本国的专利转入次数占其各自专利转入总次数的比例分别为 87.92%、80.39% 和 80.16%。除中国以外,日本、美国、瑞士、德国、法国、新加坡和韩国企业在中国的专利转让次数均超过了 1,000 次,上述八个国家共计转让专利 218,121 次,占总受让次数的比例为 97.90%。按受让人受让次数对其所在国家排名,可以看出,除中国以外,美国、日本、瑞士、德国、新加坡、韩国和法国在中国的专利受让次数也均超过了 1,000 次,上述八个国家共计受让专利 218,146 次,占总转让次数的比例为 97.91%。

从各个国家权利人专利转让的流向来看,同一国家专利权人间的转让占主导,某一国家内部专利权人转让数量占本国总专利转让次数的比例均在 70% 以上,中国、新加坡和韩国国家内部的专利权人的转让次数占比超过 90%。如表 1 - 1 所示。

表 1 - 1 2018 年中国专利转让让与人/受让人重点国家分布及分布占比

让与人国别	受让人国别								
	德国	法国	韩国	美国	其他国家	日本	瑞士	新加坡	中国
中国	0.05%			0.42%	0.36%	0.28%	0.01%	0.04%	98.83%
新加坡	0.08%	0.08%		1.67%	0.83%	0.25%		95.50%	1.58%
瑞士	2.42%	1.13%		2.06%	6.94%	0.20%	85.39%	0.16%	1.70%
日本	0.05%	0.02%	2.49%	4.61%	0.43%	88.13%		1.46%	2.82%
美国	2.04%	0.11%	0.66%	70.83%	10.41%	1.50%	1.09%	8.16%	5.20%
韩国	0.26%		90.28%	5.34%	0.86%	0.17%			3.10%
法国	0.52%	79.25%		2.87%	13.32%		0.44%	0.15%	3.46%
德国	80.24%	0.05%	0.26%	4.61%	9.07%	0.94%	1.31%	0.05%	3.46%

数据来源:知识产权出版社 i 智库

数据时间:法律状态公告日为 2018 年 1 月 1 日至 2018 年 12 月 31 日

分析中国、日本、美国、瑞士和德国在中国的专利转让活动可以看出，上述五国分别有 48,863 位、649 位、975 位、138 位和 322 位让与人参与了专利转让；除瑞士外，中国、日本、美国和德国转让次数排名前三的让与人转让次数总和占比分别为 2.17%、33.03%、17.07% 和 42.71%，均小于 50%，体现了中国专利转让活动的主体多样性。如表1-2所示。

表1-2　2018年中国专利转让排名靠前的国家主要让与人及占比

排名	国家	让与人数量（位）	主要让与人	转让次数（次）	占本国转让次数比例
1	中国	48,863	广州博鳌纵横网络科技有限公司	1,734	0.87%
			北汽福田汽车股份有限公司	1,652	0.83%
			中兴通讯股份有限公司	934	0.47%
3	日本	649	日本麦克赛尔株式会社	715	12.43%
			索尼公司	597	10.38%
			株式会社东北村田制作所	588	10.22%
2	美国	975	美国博通公司	369	6.59%
			泰纳斯公司	256	4.57%
			纳姆尔杜邦公司	331	5.91%
4	瑞士	138	ABB 技术有限公司	1,635	66.01%
			科维蒂恩股份有限公司	98	3.96%
			阿苏拉布股份有限公司	59	2.38%
5	德国	322	罗伯特博世有限公司	366	19.18%
			德国捷德有限公司	315	16.51%
			领特德国有限公司	134	7.02%

数据来源：知识产权出版社 i 智库

数据时间：法律状态公告日为 2018 年 1 月 1 日至 2018 年 12 月 31 日

1.1.3　专利转让技术领域更为广泛，五大技术领域转让次数过万次

依据世界知识产权组织（WIPO）技术分类标准，将各转让专利的国际专利分类（IPC）主分类号与 35 个技术领域进行匹配。匹配结果显示，

2018 年涉及转让活动的专利所属技术领域更为广泛，覆盖了全部 35 个技术领域。其中电机、电气装置、电能，土木工程，机器工具，装卸和其他特殊机械五个领域的专利转让次数均超过了 1 万次，占全年转让次数的30.64%。如图 1-5 所示。相较而言，生物技术、计算机技术管理方法、基础通信程序、生物材料分析及显微结构和纳米技术领域的专利转让则较少。

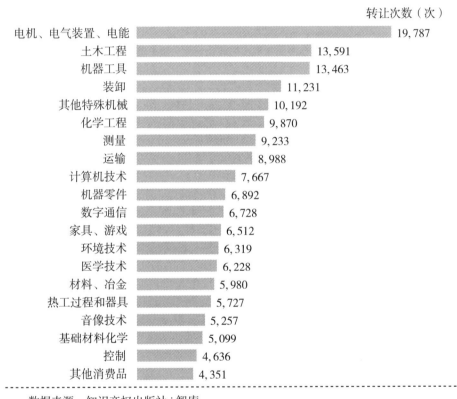

转让次数（次）

技术领域	转让次数
电机、电气装置、电能	19,787
土木工程	13,591
机器工具	13,463
装卸	11,231
其他特殊机械	10,192
化学工程	9,870
测量	9,233
运输	8,988
计算机技术	7,667
机器零件	6,892
数字通信	6,728
家具、游戏	6,512
环境技术	6,319
医学技术	6,228
材料、冶金	5,980
热工过程和器具	5,727
音像技术	5,257
基础材料化学	5,099
控制	4,636
其他消费品	4,351

数据来源：知识产权出版社 i 智库

数据时间：法律状态公告日为2018年1月1日至2018年12月31日

注1：行业分类采用 Technology Classification For Country Comparisons, WIPO

注2：仅统计发明专利和实用新型专利

图 1-5　2018 年中国专利实施转让技术分类排名

集中在总转让次数排名前 20 的技术领域，在不考虑中国让与人的情况下，各个国家在不同技术领域上具有显著特征。如表 1-3 所示。日本在电机、电气装置、电能领域和音像技术领域的专利转让次数占相应领域总转让次数的比例分别为 8.50% 和 9.07%。美国在计算机技术和数字通信两个领域的专利转让次数占相应领域总转让次数的比例分别为 9.17% 和 9.86%，具有显著优势。瑞士在电机、电气装置、电能领域专利转让次数占该领域总转让次数的比例为 5.95%。新加坡在数字通信和音像技术两个领域专利转让活跃，这两个领域的专利转让次数占相应领域总转让次数的比例分别为 4.54% 和 5.23%。

表1-3 2018年中国专利实施转让技术分类分布（按国别） 单位：次

技术分类	中国	美国	日本	瑞士	德国	新加坡	韩国	法国
电机、电气装置、电能	15,580	368	1,649	1,154	290	53	159	139
土木工程	13,106	299	19	10	8	2	15	2
机器工具	13,064	40	94	28	34	5	39	77
装卸	10,811	92	43	72	115	1	22	5
其他特殊机械	9,827	46	81	18	24	3	17	106
化学工程	9,508	97	50	44	30	4	29	10
测量	8,405	202	120	187	43	42	29	41
运输	8,184	119	366	13	49	2	45	85
计算机技术	6,129	666	146	30	113	104	50	21
机器零件	6,550	67	61	31	72		14	17
家具、游戏	6,280	54	78	4	4		28	2
数字通信	5,002	625	187	41	125	288	57	14
环境技术	6,166	19	49	4	13		13	4
医学技术	5,383	345	47	114	70	7	23	49
材料、冶金	5,568	85	65	10	44	1	12	24
热工过程和器具	5,530	36	21	15	10		20	4
音像技术	3,945	316	461	36	16	266	27	16
基础材料化学	4,600	185	46	6	36		21	42

技术分类	中国	美国	日本	瑞士	德国	新加坡	韩国	法国
控制	4,266	52	31	87	77	7	63	9
其他消费品	4,146	22	36	4	95	3	9	6

数据来源：知识产权出版社 i 智库

数据时间：法律状态公告日为 2018 年 1 月 1 日至 2018 年 12 月 31 日

注 1：行业分类采用 Technology Classification For Country Comparisons，WIPO

注 2：取总转让次数排名前 20 的技术分类

1.1.4 经济发达省份内部专利转让活动频繁，过半数转让集中在广东、浙江、江苏、北京、山东五省市

从中国各省份专利转让活动来看，广东、浙江、江苏、北京、山东是专利转让活动最为活跃的五个地区。从让与人角度来看，上述五个省市累计专利转出次数为 117,476 次，占 2018 年总转让次数的 52.73%；共计受让专利 114,986 次，占总转让次数的 51.61%。从总体趋势来看，各省市内部权利人之间的转让占主流，广东、浙江、江苏、北京、山东分别有 67.30%、54.00%、61.21%、53.72% 和 65.15% 的专利转让给本省（市）的权利人。其余专利转让行为也大多发生在上述五个省市之间，中国专利转让已经呈现出明显的地域集中态势。如图 1 - 6 所示。

广东仍然是中国专利转让最为活跃的省份，2018 年广东省共计转让专利 37,071 次，受让专利 40,374 次，为专利净流入省份。受广东省内企业专利转让次数下降明显影响，广东省转让和受让专利次数分别较 2017 年下降 15.18% 和 25.71%。这表明受政策红利驱动的非商业性转让行为（商业性转让指非集团内部公司之间的专利转让，即转让双方不存在关联关系）并不具有可持续性。

浙江、江苏、北京、山东分别排名第二、第三、第四、第五，其中浙江、北京和山东为专利净流出省市，江苏为专利净流入省份。从专利转让次数来看，江苏和北京转让次数分别较 2017 年上涨 2.51% 和 27.36%，浙江和山东则分别较 2017 年小幅下降 0.50% 和 3.25%。从专利受让次数

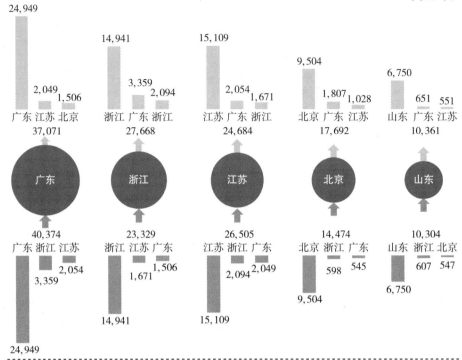

数据来源：知识产权出版社 i 智库

数据时间：法律状态公开（公告）日为2018年1月1日至2018年12月31日

注：选取2018年专利转让次数排名前五的让与/受让省份作为分析对象

图1-6　2018年中国专利转让让与人/受让人重点省份分布及专利流向、来源

来看，上述四省市较 2017 年均有所增长，增幅分别为 33.91%、8.42%、3.05% 和 1.27%。

1.1.5　中国公司在专利转让活动中处于主导地位，瑞士、日本、新加坡企业表现活跃

延续 2017 年的趋势，2018 年中国专利转让活动仍由中国公司主导。在 2018 年中国专利转让让与人 TOP20 中，有 13 家为中国公司；在 2018 年中国专利转让受让人 TOP20 中，有 12 家为中国公司。如表 1-4、表 1-5 所示。

在让与人 TOP20 中，中国的 10 家公司存在商业性转让，其中广州博鳌纵横网络科技有限公司、东莞市联洲知识产权运营管理有限公司和合肥

智慧龙图腾知识产权股份有限公司的业务涉及知识产权交易、运营和投资管理。在国外公司中，排名靠前的 4 位专利让与人包括 ABB 技术有限公司、安华高科技通用 IP（新加坡）公司、日立麦克赛尔株式会社和株式会社东北村田制作所，主要来自瑞士、新加坡、日本，其专利转让行为均发生在关联公司之间，且主要是本国内部权利人之间的转让。如表 1-4 所示。

表 1-4　2018 年中国专利转让让与人排名 TOP20

排名	让与人	国别	转让次数（次）	商业性转移
1	广州博鳌纵横网络科技有限公司	中国	1,734	有
2	北汽福田汽车股份有限公司	中国	1,652	有
3	ABB 技术有限公司	瑞士	1,635	无
4	中兴通讯股份有限公司	中国	934	有
5	北京美克家居用品有限公司朝阳亚运村店	中国	911	无
6	安华高科技通用 IP（新加坡）公司	新加坡	815	无
7	江南嘉捷电梯股份有限公司	中国	805	无
8	日立麦克赛尔株式会社	日本	715	无
9	乐视汽车（北京）有限公司	中国	669	有
10	索尼公司	日本	597	有
11	株式会社东北村田制作所	日本	588	无
12	华为技术有限公司	中国	543	有
13	鸿富锦精密工业（深圳）有限公司；鸿海精密工业股份有限公司	中国	529	有
14	福建浔兴拉链科技股份有限公司	中国	522	无
15	南京林业大学	中国	469	有
16	埃西勒国际通用光学公司	法国	464	有
17	东莞市联洲知识产权运营管理有限公司	中国	452	有
18	江森自控日立空调技术（香港）有限公司	中国	448	有
19	合肥智慧龙图腾知识产权股份有限公司	中国	445	有
20	皇家飞利浦有限公司	荷兰	433	有

数据来源：知识产权出版社 i 智库

数据时间：法律状态公告日为 2018 年 1 月 1 日至 2018 年 12 月 31 日

在受让人 TOP20 中，中国公司有 12 家，其余 8 家分别来自瑞士（1家）、美国（1家）、新加坡（1家）、日本（4家）、法国（1家）。在中国公司中，仅有 3 家公司存在商业性受让，分别是广州博鳌纵横网络科技有限公司、北京知投家知识产权运营有限公司和合肥智慧龙图腾知识产权股份有限公司。在 8 家外国公司中，除日本的日立江森自控空调有限公司外，其余公司均存在商业性受让行为。如表 1-5 所示。

表 1-5　2018 年中国专利转让受让人排名 TOP20

排名	受让人	国别	受让次数（次）	商业性转移
1	ABB 瑞士股份有限公司	瑞士	2,147	有
2	广州博鳌纵横网络科技有限公司	中国	1,746	有
3	北京宝沃汽车有限公司	中国	1,634	无
4	苏州江南嘉捷电梯有限公司	中国	1,065	无
5	全球创新聚合有限责任公司	美国	1,061	有
6	美克国际家居用品股份有限公司	中国	907	无
7	安华高科技股份有限公司	新加坡	852	有
8	麦克赛尔株式会社	日本	716	有
9	依视路国际公司	法国	611	有
10	株式会社村田制作所	日本	592	有
11	株式会社东北村田制作所	日本	591	有
12	北京知投家知识产权运营有限公司	中国	566	有
13	合肥智慧龙图腾知识产权股份有限公司	中国	545	有
14	福建晋江浔兴拉链科技有限公司	中国	522	无
15	恒大法拉第未来智能汽车（广东）有限公司	中国	505	无
16	深圳超多维科技有限公司	中国	453	无
17	日立江森自控空调有限公司	日本	447	无
18	北京汽车集团有限公司	中国	429	无

续表

排名	受让人	国别	受让次数（次）	商业性转移
19	京信通信系统（中国）有限公司；京信通信系统（广州）有限公司；京信通信技术（广州）有限公司；天津京信通信系统有限公司	中国	411	无
20	洛阳轴承研究所有限公司	中国	395	无

数据来源：知识产权出版社 i 智库

数据时间：法律状态公告日为 2018 年 1 月 1 日至 2018 年 12 月 31 日

不涉及商业性的专利转让主要集中在以下两种形式：一是集团内部公司之间的转让，例如 ABB 技术有限公司（瑞士）将其专利全部转让给 ABB 欧洲股份有限公司（瑞士）和 ABB 瑞士股份有限公司（瑞士）；二是分公司与母公司之间的转让，例如北京美克家居用品有限公司朝阳亚运村店转让其 911 件专利给母公司美克国际家居用品股份有限公司，福建浔兴拉链科技股份有限公司将其 522 件专利转让给分公司福建晋江浔兴拉链科技有限公司。如表 1-6 所示。

表 1-6 2018 年中国专利非商业性转让行为示例

类型	让与人	受让人
集团公司内部	ABB 技术有限公司（瑞士）	ABB 欧洲股份有限公司（瑞士）和 ABB 瑞士股份有限公司（瑞士）
分公司与母公司之间	北京美克家居用品有限公司朝阳亚运村店	美克国际家居用品股份有限公司
	福建浔兴拉链科技股份有限公司	福建晋江浔兴拉链科技有限公司

涉及商业性转让行为的权利主体则呈现多样化，且较为分散。例如在 2018 年广州博鳌纵横网络科技有限公司的 1,734 次专利转让行为中，共涉及 667 位专利受让人，平均每个受让人受让专利 2.5 件，受让人类型不仅包括企业，还有个人。

1.2　2018 年专利许可数据分析

1.2.1　专利许可次数总体略有下降，发明专利占比持续提升

2018 年专利许可次数较 2017 年略有下降，共计 7,474 次，同比下降 4.45%，占所有专利运营行为的比例由 2017 年的 3.16% 下降至 2.95%。如图 1-7 所示。

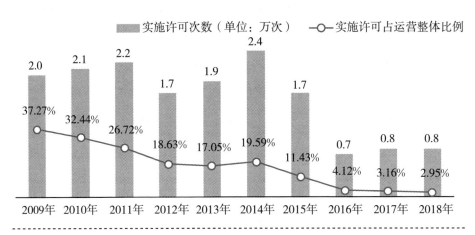

数据来源：知识产权出版社 i 智库

数据时间：法律状态公告日截止到 2018 年 12 月 31 日

图 1-7　中国专利实施许可次数变化趋势（2009—2018 年）

从许可涉及的专利类型来看，2018 年专利实施许可中发明专利的占比进一步提升。2018 年发明专利的许可次数达 5,092 次，共涉及 3,366 件发明专利，占总许可次数和件数的比例分别为 68.13% 和 61.19%，较 2017 年分别提升 3 个和 10 个百分点（1 件专利能够许可给多位被许可人）；2018 年单件发明专利许可次数最高达 39 次，平均 1 件专利许可 1.5 次。2018 年实用新型专利实施许可共计 1,883 次，较 2017 年提升 5.97%，占比由 2017 年的 22.72% 提升至 25.19%。2018 年外观设计专利实施许可共计 499 次，较

2017 年下降 45.70%，占比下降至 6.68%。如图 1-8 所示。

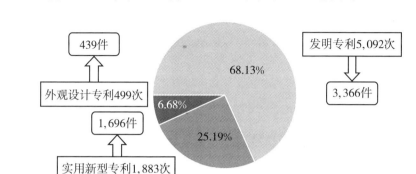

数据来源：知识产权出版社 i 智库

数据时间：法律状态公开（公告）日为 2018 年 1 月 1 日至 2018 年 12 月 31 日

图 1-8　2018 年中国专利实施许可涉及专利类型占比

1.2.2 普通许可是主要专利许可形式，六成以上专利许可存在商业性许可行为

从专利实施许可类型及构成来看，2018 年中国专利实施许可类型主要是普通许可，2018 年共计发生普通许可 4,842 次，占比为 64.78%；独占许可和排他许可分别实施 1,928 次和 704 次，占比分别为 25.80% 和 9.42%。如图 1-9 所示。

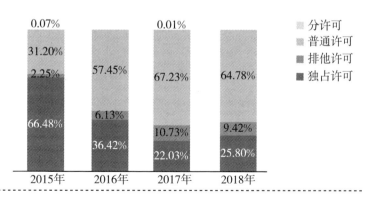

数据来源：知识产权出版社 i 智库

数据时间：法律状态公开（公告）日为 2015 年 1 月 1 日至 2018 年 12 月 31 日

图 1-9　2015—2018 年中国专利实施许可类型分布

从是否存在商业性许可行为（商业性许可指非集团内部公司之间的专利许可，即许可双方不存在关联关系）的角度来看，2018年中国专利实施许可主要以商业性许可为主，62.72%的许可存在商业性许可行为。如图1-10所示。

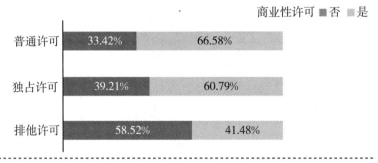

数据来源：知识产权出版社 i 智库
数据时间：法律状态公开（公告）日为2018年1月1日至2018年12月31日

图1-10　2018年中国专利实施许可商业性判断

从各类型来看，在普通许可中，存在商业性许可行为的许可次数占比达到66.58%。其中中国的许可人共计实施普通许可3,456次，59.69%的许可存在商业性许可行为。其余来自其他国家的各个专利许可人，除美国的许可人外[①]，也均以实施商业性许可行为为主。在独占许可中，存在商业性许可行为的许可次数占比达到60.79%。中国的许可人共计实施独占性许可1,800次，58.22%的许可存在商业性许可行为，而其他国家专利许可人的独占许可则以商业性许可为主。在排他许可中，存在商业性许可行为的许可次数占比为41.48%。在中国的691名排他许可人实施的许可中，59.04%的许可为关联企业之间的非商业性许可行为。

总体来看，与来自国外的许可人相比，中国的许可人实施商业性许可行为的比例更低。

---

① 在来自美国的许可人中，路博润公司将专利普通许可给路博润添加剂（珠海）有限公司的次数占比达到82.92%，导致来自美国的许可人的商业性许可行为占比较低。

1.2.3 中国本土专利许可占八成，国外专利的商业性许可占比较高

从 2018 年中国专利许可当事人的国别来看，无论是许可人还是被许可人，中国的占比均最大，但是略有不同的是，许可人较被许可人分布更为分散。在可识别许可双方国别的 7,396 次专利许可中，来自中国的许可人在 2018 年共实施 5,887 次许可，占比为 79.60%[①]；来自爱尔兰 & 卢森堡、美国、瑞典 & 爱尔兰 & 卢森堡、日本和瑞典的专利许可人分别位列第二、第三、第四、第五、第六位，五者占比分别为 12.20%、3.70%、1.78%、1.34% 和 0.59%。如图 1 – 11 所示。

单位：次

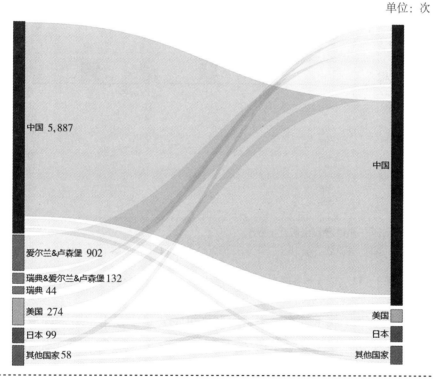

数据来源：知识产权出版社 i 智库

数据时间：法律状态公告日为 2018 年 1 月 1 日至 2018 年 12 月 31 日

注：其中有 78 次许可无法识别许可人/被许可人国别，因此分析总数据为 7,396

图 1 – 11 2018 年中国专利实施许可主要流向分析

---

① 占比计算均为占可识别专利实施许可人和被许可人国别的比例，下同。

从被许可人的角度来看，来自中国的被许可人共被许可 7,245 次，占比 98.08%。中国成为主要的技术输入国。其中除美国外，瑞典 & 爱尔兰 & 卢森堡、日本等其他国家的专利许可人对于中国的专利许可均为非关联企业之间的商业性许可，占总许可次数的比例均在 70% 以上。中国权利人的许可活动中，则有半数为关联企业之间的非商业性许可。如图 1 – 12 所示。

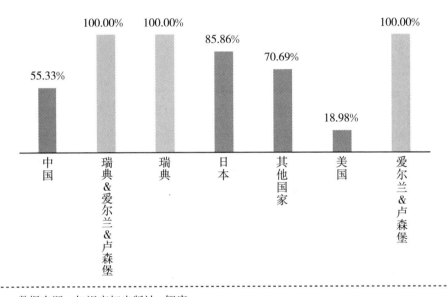

数据来源：知识产权出版社 i 智库

数据时间：法律状态公开（公告）日为 2018年1月1日至 2018年12月31日

图 1 – 12　2018 年各国家许可人商业性许可占比（被许可人国别为中国）

根据 WIPO 技术分类，中国专利许可主要集中在土木工程领域以及数字通信，电机、电气装置、电能，计算机技术和测量等领域。如图 1 – 13 所示。各国专利许可较活跃的技术领域存在明显差异，例如，爱尔兰 & 卢森堡权利人在土木工程领域比较活跃，美国权利人的许可在基础材料化学和医学技术领域的占比较高，而在光学和音像技术领域，来自日本权利人的专利技术许可比较多，这反映了国外企业在中国市场代表性的优势技术领域。如表 1 – 7 所示。

单位：次

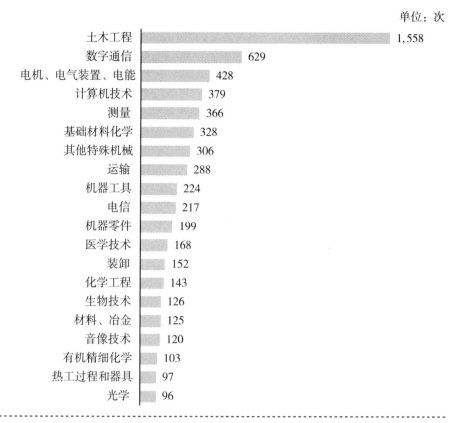

数据来源：知识产权出版社 i 智库

数据时间：法律状态公告日为2018年1月1日至2018年12月31日

注：行业分类采用 Technology Classification For Country Comparisons, WIPO

图 1 - 13 2018 年中国专利实施许可技术分类

表 1 - 7 2018 年中国专利实施许可技术分类按国别占比

技术分类	让与人国别						
	中国	爱尔兰 & 卢森堡	美国	瑞典 & 爱尔兰 & 卢森堡	日本	瑞典	其他国家合计
土木工程	34.53%	53.40%		8.09%	0.06%	2.70%	1.22%
数字通信	100.00%						
电机、电气装置、电能	97.66%				2.34%		

技术分类	让与人国别						
	中国	爱尔兰＆卢森堡	美国	瑞典＆爱尔兰＆卢森堡	日本	瑞典	其他国家合计
计算机技术	97.36%		0.53%		0.53%		1.58%
测量	96.17%		3.55%				0.27%
基础材料化学	45.43%		54.57%				
其他特殊机械	98.37%		0.33%		0.33%		0.98%
运输	100.00%						
机器工具	95.54%	4.46%					
电信	98.62%		1.38%				
机器零件	99.50%				0.50%		
医学技术	72.62%		20.24%				7.14%
装卸	100.00%						
化学工程	97.90%		2.10%				
生物技术	91.27%		3.97%		1.59%		3.17%
材料、冶金	97.60%						2.40%
音像技术	87.50%		1.67%		10.83%		
有机精细化学	82.52%		6.80%		0.97%	2.91%	6.80%
热工过程和器具	95.88%				4.12%		
光学	45.83%				53.13%		1.04%

数据来源：知识产权出版社 i 智库

数据时间：法律状态公告日为 2018 年 1 月 1 日至 2018 年 12 月 31 日

注 1：行业分类采用 Technology Classification For Country Comparisons，WIPO

注 2：取总许可次数排名前 20 的技术领域

1.2.4 江苏、广东等地的专利许可集中度较高，以区域内部许可为主

从地区分布来看，江苏、广东、湖南、北京和上海等地是专利实施许可活动的重点地区，具有较高的活跃度。从专利许可和被许可角度来看，江苏、广东和上海的被许可次数最多，超过了本省市的许可次数，而湖南和北京的许可次数超过了本省市的被许可次数。如图1-14所示。

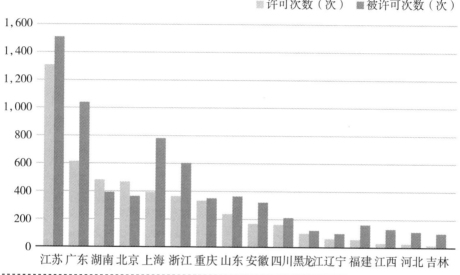

数据来源：知识产权出版社 i 智库

数据时间：法律状态公告日为2018年1月1日至2018年12月31日

注：只显示许可次数/被许可次数在200次以上的省市

图1-14 2018年中国专利实施许可及被许可人中国地区排名

按许可次数排名，2018年排名前三的江苏、广东和湖南分别实施许可专利1,307次、614次和476次，如图1-15所示。这一排名与2017年的浙江（1,136次）、广东（548次）和北京（469次）存在差异。2017年专利许可表现突出的浙江（2017年专利许可次数同比增长402.65%）在2018年仅许可专利369次，主要是由于2017年存在大量

专利许可的企业温州联科知识产权服务有限公司在 2018 年并未发生专利许可行为，导致 2018 年浙江专利许可排名下降至第六名。除此之外，湖南 2018 年专利许可次数同比增长 180%，主要由于中民筑友有限公司许可 371 件专利给旗下公司中民筑友科技投资有限公司，但并不涉及商业性转让行为。

按专利被许可次数排名，2018 年排名前三的分别为江苏（1,514 次）、广东（1,042 次）和上海（784 次），如图 1 - 16 所示。这一排名与 2017 年的前三名为江苏、浙江和广东存在些许差异，主要由于温州联科知识产权服务公司 2018 年未发生专利许可行为，导致浙江专利被许可量下降。

2018 年中国专利实施许可与被许可 TOP3 地域主要流向和来源均以本地区为主。各省（市）专利实施许可流向呈现"一边倒"的特点，即许可活动主要发生在各省（市）内部，这一情况与往年类似。如图 1 - 15、图 1 - 16 所示。以实施许可人为例，江苏的专利有 71.08% 被许可给了江苏本省的被许可人，广东的专利有 74.76% 被许可给了广东本省的被许可人。

单位：次

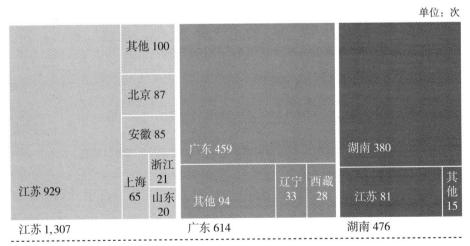

数据来源：知识产权出版社 i 智库

数据时间：法律状态公告日为 2018 年 1 月 1 日至 2018 年 12 月 31 日

图 1 - 15　2018 年中国专利实施许可人 TOP3 地域主要流向分析

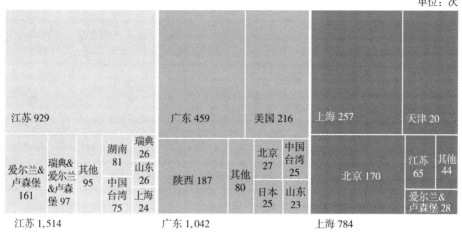

单位：次

数据来源：知识产权出版社 i 智库

数据时间：法律状态公告日为2018年1月1日至2018年12月31日

注：因来源地较多，只显示许可次数在20次以上的区域

图 1 – 16　2018 年中国专利实施被许可人 TOP3 地域来源分析

1.2.5　中国本土权利人占据专利许可主体地位，商业性许可活动活跃

2018 年中国专利实施许可的许可人排名 TOP20 如表 1 – 8 所示。在该榜单中，来自国外的许可人共有 5 位，其中有 4 位涉及商业性许可，主要来自瑞典、爱尔兰和卢森堡的地板工业有限公司、尤尼林管理私营公司、佩尔戈（欧洲）股份公司。三家公司在中国专利许可的经验丰富，已连续多年成为中国专利许可次数排名靠前的权利人，2018 年三家公司共计给中国 40 家企业许可专利 1,034 次，涉及专利 45 件，专利技术领域为地板领域。

从中国专利权人的表现来看，上榜的 15 位权利人中有 10 位涉及商业性许可。在网络与信息基础架构安全技术解决领域拥有核心技术的西安西电捷通无线网络通信股份有限公司依旧表现突出，2018 年共实施许可专利 336 次，较 2017 年同期增长 26.79%，涉及 82 件专利及 5 位通信行业的被许可人。

表1-8 2018年中国专利实施许可许可人排名TOP20

排名	许可人	许可次数（次）	商业性许可	许可人国别
1	地板工业有限公司；尤尼林管理私营公司	898	有	爱尔兰&卢森堡
2	南京林业大学	694	有	中国
3	中民筑友有限公司	371	无	中国
4	西安西电捷通无线网络通信股份有限公司	336	有	中国
5	重庆长安新能源汽车有限公司；重庆长安汽车股份有限公司	270	无	中国
6	芯集租赁（天津）有限责任公司	220	有	中国
7	联芯科技有限公司	208	无	中国
8	路博润公司	199	无	美国
9	芯鑫融资租赁（北京）有限责任公司	170	有	中国
10	奇瑞汽车股份有限公司	140	无	中国
11	佩尔戈（欧洲）股份公司；地板工业有限公司；尤尼林管理私营公司	136	有	瑞典&爱尔兰&卢森堡
12	信锦企业股份有限公司	96	有	中国
13	深圳市智通天下科技服务有限公司	81	有	中国
14	中国科学院计算技术研究所	61	有	中国
15	科力远混合动力技术有限公司	56	无	中国
16	南京邮电大学	51	有	中国
17	柯尼卡美能达株式会社	50	有	日本
18	江苏大学	45	有	中国
18	江苏金联金属制品有限公司	45	有	中国
20	瓦林格创新股份有限公司	42	有	瑞典

数据来源：知识产权出版社 i 智库

数据时间：法律状态公告日为2018年1月1日至2018年12月31日

2018 年中国专利许可人排行中高校和科研院所表现较为突出，南京林业大学、中国科学院计算技术研究所、南京邮电大学和江苏大学均榜上有名，且其专利许可均为商业性许可。其中南京林业大学共计许可专利694 次①，成为许可最为活跃的中国权利人，专利许可涉及 24 个技术领域，主要分布在测量、土木工程和其他特殊机械领域。

未涉及商业性许可的中国专利权人主要为中民筑友有限公司、重庆长安新能源汽车有限公司、重庆长安汽车股份有限公司、联芯科技有限公司、奇瑞汽车股份有限公司和科力远混合动力技术有限公司。一种情况为控股集团内部企业之间的专利许可，例如，奇瑞汽车股份有限公司许可专利给观致汽车有限公司和芜湖凯翼汽车有限公司，三者均属于奇瑞控股集团。另一种情况为母公司向子公司的专利许可，例如，科力远混合动力技术有限公司许可其专利给子公司无锡明恒混合动力技术有限公司。

2018 年中国专利实施许可被许可人 TOP20 如表 1 - 9 所示。在该榜单中，除了索尼移动通信公司及阿尔派株式会社来自日本外，其余被许可人均来自中国，共计 21 位被许可人。其中深圳市明华澳汉智能卡有限公司、深圳中星微高科技有限公司等 11 位被许可人均涉及商业性许可，占比超过 50%。

表 1 - 9　2018 年中国专利实施许可被许可人排名 TOP20

排名	被许可人	被许可次数（次）	商业性许可	被许可人国别
1	展讯通信（上海）有限公司	390	有	中国
2	中民筑友科技投资有限公司	371	无	中国
3	重庆长安新能源汽车科技有限公司	288	无	中国

---

① 南京林业大学与其他权利人共同许可的专利没有计算在内。

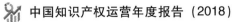

续表

排名	被许可人	被许可次数（次）	商业性许可	被许可人国别
4	上海立可芯半导体科技有限公司	208	无	中国
5	路博润添加剂（珠海）有限公司	199	无	中国
6	深圳市明华澳汉智能卡有限公司	124	有	中国
7	芜湖凯翼汽车有限公司	85	无	中国
8	无锡明恒混合动力技术有限公司	56	无	中国
9	观致汽车有限公司	55	无	中国
9	索尼移动通信公司	53	有	日本
9	深圳中星微高科技有限公司	53	有	中国
9	南昌黑鲨科技有限公司	53	有	中国
9	深圳市瑞科慧联科技有限公司	53	有	中国
9	阿尔派株式会社	53	有	日本
15	北京华美万橡科技有限公司	51	有	中国
16	浙江舜宇光学有限公司	50	有	中国
17	中科天玑数据科技股份有限公司	49	无	中国
18	句容市瑞友金属制品有限公司	45	有	中国
19	昆山广兴电子有限公司	41	无	中国
20	辽宁施奈尔室内装饰产品有限公司	39	有	中国
20	江苏源美竹木业有限责任公司	39	有	中国
20	江苏肯帝亚木业有限公司	39	有	中国
20	广州虎牙信息科技有限公司	39	无	中国

数据来源：知识产权出版社 i 智库

数据时间：法律状态公告日为 2018 年 1 月 1 日至 2018 年 12 月 31 日

第2章 商标转让许可数据分析

2.1 2018年商标转让数据分析

2.1.1 商标转让近40万次，广东、浙江、北京商标转让活跃

2018年，中国商标注册申请量达到737.1万件，商标注册量达到500.7万件，其中，国内商标注册量为479.7万件。[①]i智库数据显示，中国近年来商标注册申请量迅速增长，截至2019年4月30日，公开的商标申请总量已经超过3,500万件，而近十年的商标申请量占比约为80%，已超过2,800万件。2018年中国商标数据中，有393,373件商标发生了转让，共计转让397,214次。

从2018年中国商标转让的来源地来看，中国本土转让占绝对优势，转让次数占中国商标全部转让次数的93.5%。本土转让中，东部地区[②]的发达省市转让频繁，排名前五位的地区分别是广东、浙江、北京、上海、江苏，这五个地区的商标转让次数占2018年中国商标全部转让次数的比例分别为22.2%、12.7%、7.2%、6.4%和6.3%。

排名第一位的广东省，2018年的商标转让次数占比超过全国全年商标转让次数的五分之一，这与近几年广东省大力实施商标品牌战略密不可

[①] 国家知识产权局公布2018年主要工作统计数据 [EB/OL]. (2019 – 01 – 13) [2019 – 12 – 24]. http://www.gov.cn/xinwen/2019 – 01/13/content_5357464.htm.

[②] 2004年《政府工作报告》中提出东部地区、中部地区、西部地区和东北地区四大经济区域格局。东部地区包括北京、天津、河北、山东、江苏、上海、浙江、福建、广东、海南十省市。中部地区包括山西、河南、安徽、湖北、湖南、江西六省。西部地区包括重庆、贵州、四川等十二省（区、市）。

分。2017 年 12 月，广东省人民政府办公厅印发《广东省深入实施商标品牌战略服务经济社会发展的若干政策措施》，文件中提出的政策措施包括提高商标便利化服务水平、加强商标品牌创造和运用、深化广东特色品牌建设、推进商标品牌国际化建设、严格实施商标保护等。其中，有关加强商标运用的具体措施包括优化商标品牌融资和资产运营，支持以商标出资入股，对商标专用权质押融资企业实际支付利息及首次商标评估费给予资助，建立商标专用权质押融资市场化风险补偿机制，搭建商标品牌运营服务线上平台和金融服务平台，规范和发展商标交易公共服务平台，提供"一站式"商标资产运营服务。

　　从 i 智库的商标转让数据来看，国外来华商标转让次数占中国整体商标转让次数的 6.5%。如图 2−1 所示。欧美发达国家榜上有名，其中美国表现最突出，其商标转让次数占 2018 年中国商标全部转让次数的比例为 2.1%。此外，英国、日本、韩国、德国、瑞士、意大利、法国也有少量的商标转让，从 900 次到两千多次不等。

单位：次

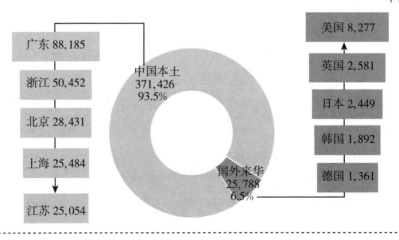

数据来源：知识产权出版社 i 智库

数据时间：转让日期为 2018 年 1 月 1 日至 2018 年 12 月 31 日

图 2−1　2018 年中国商标转让的申请人地区排名

2.1.2　中国本土转让人分布较分散，美国、英国、日本、韩国等国家转让人相对集中

从 2018 年中国商标转让排名靠前的国家主要转让人及其本国占比来看，中国实施商标转让的本土转让人分布较分散，排名第一的转让人是广东的梁翠清，其 2018 年商标转让次数仅占当年中国本土商标转让总次数的 0.4%；排名第二的是广州唯品会信息科技有限公司，其 2018 年商标转让次数占比为 0.2%。如表 2-1 所示。

表 2-1　2018 年中国商标转让排名靠前的国家主要转让人及其商标转让次数本国占比

排名	国家	主要转让人	商标转让次数本国占比
1	中国	梁翠清	0.4%
		广州唯品会信息科技有限公司	0.2%
		广州市马继辉广告设计有限公司	0.2%
2	美国	AWI 特许公司	4.5%
		美商凯撒世界公司	3.0%
		雅虎公司	2.1%
3	英国	屈臣氏企业有限公司	34.4%
		英威达技术有限公司	6.3%
		葛兰素集团有限公司	3.3%
4	日本	成宫国际股份有限公司	5.3%
		三菱化学株式会社	3.7%
		三菱树脂株式会社	3.6%
5	韩国	每日控股株式会社	8.1%
		株式会社 LG 生命科学	3.6%
		希杰零售流通株式会社	3.6%

数据来源：知识产权出版社 i 智库

数据时间：转让日期为 2018 年 1 月 1 日至 2018 年 12 月 31 日

美国、英国、日本、韩国等国家的转让人集中度相对较高，英属维尔京群岛（按照申请人地址）的屈臣氏企业有限公司2018年商标转让次数占2018年英国在中国商标转让总次数的34.4%，在所有商标转让人中占比最高；韩国的每日控股株式会社2018年商标转让次数占2018年韩国在中国商标转让总次数的8.1%，日本的成宫国际股份有限公司2018年商标转让次数占2018年日本在中国商标转让总次数的5.3%，美国的AWI特许公司2018年商标转让次数占2018年美国在中国商标转让总次数的4.5%。

总的来说，中国实施商标转让的本土转让人比较分散，主要转让人的商标转让次数占同年本国商标转让总次数的比例都在0.5%以下；而美国、英国、日本、韩国等国家商标转让的转让人相对比较集中，主要转让人的商标转让次数占比几乎都在3%以上。

2.1.3 企业商标以内部转让为主，广东转让人最为活跃

从2018年中国商标转让双方排名来看，TOP5转让人以中国本土为主，有4个来自广东，包括梁翠清、广州唯品会信息科技有限公司、广州市马继辉广告设计有限公司和万达文化旅游规划研究院有限公司，还有1个转让人是来自英属维尔京群岛的屈臣氏企业有限公司，排名第二。如图2-2所示。

数据表明，排名第一的转让人梁翠清，其在2018年转让商标次数远超其他转让人，达1,647次，是排名第二的转让人屈臣氏企业有限公司的1.8倍。从商标类别来看，梁翠清转让的商标涉及商标国际分类号为25、3、9、20、30、28、29、24、16等的21个领域，既包括服装/鞋/帽，又包括医药品、食品、家具、纸和纸板及其制品，以及办公用品等。

受让人方面，排名TOP5的受让人有4个来自中国，包括广东的唯品会（中国）有限公司和恒大集团有限公司、辽宁的大连万达集团股份有限公司、北京京东世纪信息技术有限公司，还有1个是来自英属维尔京群岛的屈臣氏商标有限公司。如图2-2所示。

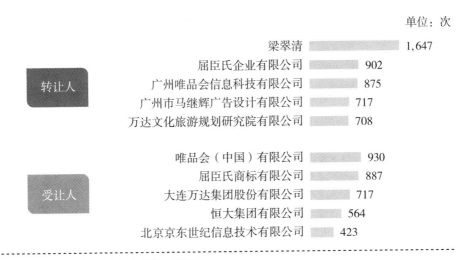

单位：次

转让人
梁翠清 1,647
屈臣氏企业有限公司 902
广州唯品会信息科技有限公司 875
广州市马继辉广告设计有限公司 717
万达文化旅游规划研究院有限公司 708

受让人
唯品会（中国）有限公司 930
屈臣氏商标有限公司 887
大连万达集团股份有限公司 717
恒大集团有限公司 564
北京京东世纪信息技术有限公司 423

数据来源：知识产权出版社 i 智库
数据时间：转让日期为2018年1月1日至2018年12月31日

图 2 - 2　2018 年中国商标转让双方排名 TOP5

进一步分析2018 年中国 TOP5 转让人商标的主要流向发现，无论是中国本土公司还是国外来华的集团公司，都以内部转让为主，而个人商标申请人则外部转让较多。

TOP5 中来自国外的转让人仅有 1 个，即英属维尔京群岛的屈臣氏企业有限公司，其商标主要通过内部转让转给其集团公司——屈臣氏商标有限公司，也有少量涉及商业转让（外部转让）；其余 4 个是来自中国的转让人，其中有 3 个涉及商业转让，包括梁翠清、广州唯品会信息科技有限公司和广州市马继辉广告设计有限公司，而万达文化旅游规划研究院有限公司的商标转让全部是内部转让，转给其集团公司——大连万达集团股份有限公司。如表 2 - 2 所示。

商标外部转让中，梁翠清、广州市马继辉广告设计有限公司转给外部企业的次数较多，受让人也较为分散。梁翠清有 1,500 多个受让人，广州市马继辉广告设计有限公司有 600 多个受让人，但单个受让人的受让次数都不多；屈臣氏企业有限公司、广州唯品会信息科技有限公司仍是以集团内部转让为主，外部转让次数很少。

表 2-2 2018 年中国 TOP5 商标转让人的商标主要流向

排名	转让人	总转让次数（次）	主要受让人	受让次数（次）	商业性转让	转让人国别
1	梁翠清	1,647	泉州英柳贸易有限公司	14	有	中国
			龚枚	9		
			泉州恒达科技有限公司	5		
			合界有限公司	5		
			广东康而美实业股份有限公司	5		
2	屈臣氏企业有限公司	902	屈臣氏商标有限公司	887	有	英国
			玛丽奥诺香水简易股份公司	11		
			屈臣氏（欧洲大陆保健美容）私人有限责任公司	2		
			巴黎艾奇香水伊克塞尔有限公司	2		
3	广州唯品会信息科技有限公司	875	唯品会（中国）有限公司	846	有	中国
			品骏控股有限公司	29		
4	广州市马继辉广告设计有限公司	717	赵俊岐	5	有	中国
			圣菲之美（湖北）生物科技有限公司	3		
			龙岩市佰淘电子商务有限公司	3		
			株洲尚都商贸有限公司	2		
			中山君朗纺织业有限公司	2		
5	万达文化旅游规划研究院有限公司	708	大连万达集团股份有限公司	708	否	中国

数据来源：知识产权出版社 i 智库

数据时间：转让日期为 2018 年 1 月 1 日至 2018 年 12 月 31 日

进一步分析 2018 年中国 TOP5 商标受让人的受让商标主要来源发现，1 个受让人的受让商标全部来自集团内部转入，3 个受让人的受让商标以集团内部转入为主，1 个受让人的受让商标以外部转入为主。

北京京东世纪信息技术有限公司主要涉及外部转入，该公司的423次受让商标中，有421次都来自外部的杭州轩潮科技有限公司。英属维尔京群岛的屈臣氏商标有限公司的受让商标全部由屈臣氏企业有限公司转入。而其余3个受让人的受让商标以集团内部转入为主，例如，唯品会（中国）有限公司的受让商标主要由广州唯品会信息科技有限公司转入，恒大集团有限公司的受让商标主要由恒大地产集团有限公司转入，大连万达集团股份有限公司的受让商标主要由万达文化旅游规划研究院有限公司转入，这3个企业的外部商标转入数量很少。如表2-3所示。

表2-3　2018年中国TOP5商标受让人的主要来源

排名	受让人	总受让次数（次）	转让人	转让次数（次）	商业性转让	受让人国别
1	唯品会（中国）有限公司	930	广州唯品会信息科技有限公司	846	有	中国
			浙江唯品会支付服务有限公司	38		
			广州品唯软件有限公司	36		
			广东品诺保险代理有限公司	5		
			广州唯品会电子商务有限公司	4		
			乐奢中国有限公司	1		
2	屈臣氏商标有限公司	887	屈臣氏企业有限公司	887	无	英国
3	大连万达集团股份有限公司	717	万达文化旅游规划研究院有限公司	708	无	中国
			青岛万达东方影都影视产业园管理有限公司	9		
4	恒大集团有限公司	564	恒大地产集团有限公司	563	有	中国
			千宏控股有限公司	1		
5	北京京东世纪信息技术有限公司	423	杭州轩潮科技有限公司	421	有	中国
			上海晟达元信息技术有限公司	1		
			北京远智汇教育科技有限公司	1		

数据来源：知识产权出版社i智库

数据时间：转让日期为2018年1月1日至2018年12月31日

2.1.4 服装/鞋/帽类商标转让最多，各国转让类别侧重不同

从 2018 年各国在中国的商标转让 TOP5 尼斯分类①排名来看，服装/鞋/帽类（国际分类号为 25）商标转让最多，其次是广告/商业服务类（国际分类号为 35）商标转让，科研用装置及仪器（国际分类号为 9）商标转让排第三位。进入 TOP5 商标转让排行榜的类别还有植物类食品（国际分类号为 30）、清洁和梳妆用制剂（国际分类号为 3）。如表 2 - 4 所示。

表 2 - 4　2018 年各国在中国的商标转让 TOP5 类别排名及对应转让次数 单位：次

排名	总体	中国本土	美国	英国	日本	韩国	德国
1	25 - 服装/鞋/帽 [57, 543]	25 - 服装/鞋/帽 [54, 790]	9 - 科研用装置及仪器 [937]	25 - 服装/鞋/帽 [253]	9 - 科研用装置及仪器 [224]	3 - 清洁和梳妆用制剂 [304]	9 - 科研用装置及仪器 [160]
2	35 - 广告/商业服务等 [26, 604]	35 - 广告/商业服务等 [24, 485]	25 - 服装/鞋/帽 [581]	35 - 广告/商业服务等 [225]	25 - 服装/鞋/帽 [146]	5 - 医药品 [189]	10 - 医疗器械 [100]
3	9 - 科研用装置及仪器 [24, 435]	9 - 科研用装置及仪器 [21, 727]	35 - 广告/商业服务等 [454]	3 - 清洁和梳妆用制剂 [164]	5 - 医药品 [130]	35 - 广告/商业服务等 [166]	7 - 机器/机床/马达/引擎 [95]
4	30 - 植物类食品 [22, 942]	30 - 植物类食品 [21, 632]	5 - 医药品 [428]	9 - 科研用装置及仪器 [156]	3 - 清洁和梳妆用制剂 [122]	25 - 服装/鞋/帽 [141]	11 - 照明/加热等 [93]
5	3 - 清洁和梳妆用制剂 [18, 505]	3 - 清洁和梳妆用制剂 [16, 264]	3 - 清洁和梳妆用制剂 [388]	5 - 医药品 [151]	18 - 皮革类 [113]	9 - 科研用装置及仪器 [109]	12 - 运载工具 [89]

数据来源：知识产权出版社 i 智库

数据时间：转让日期为 2018 年 1 月 1 日至 2018 年 12 月 31 日

---

①　尼斯分类是一种商标注册用商品和服务国际分类体系，1957 年由《尼斯协定》建立，由尼斯联盟专家委员会不断修订，1994 年 8 月 9 日中国加入该协定。

中国本土申请人是上述所有类别商标转让的主要实施者，尤其是在服装/鞋/帽领域，2018 年实施商标转让 54,790 次，占比为 95.2%，而国外来华商标转让次数仅占 4.8%。来自广东和浙江地区的个人转让人在该领域转让尤为活跃，如梁翠清、叶晓群、黄小敏、侯丰羽、万玲兰、聂莉娟，他们在 2018 年的商标转让次数都在 300 次以上，梁翠清在服装/鞋/帽领域的转让次数更是达到 721 次。

国外来华的商标转让中，美国在中国商标转让最多，其中科研用装置及仪器类最多，为 937 次，其次是服装/鞋/帽领域、广告/商业服务等领域和医药品领域，热衷于这几个领域中国商标转让的转让人比较多，如美国礼来公司、辉瑞公司、易安信公司、美商凯撒世界公司和雅虎公司等。

此外，英国在服装/鞋/帽、广告/商业服务等领域商标转让相对较多，其中屈臣氏企业有限公司最多；日本和德国均在科研用装置及仪器领域商标转让较多，日本的株式会社 SG、乐道互动、东芝、三菱化学，以及德国的西门子、伊顿工业和罗文塔公司等商标转让较为活跃；韩国在清洁和梳妆用制剂、医药品领域商标转让较多，每日控股株式会社、株式会社 LG 生命科学表现比较突出。

从中可以看出，美国、日本、德国等国家在中国的商标转让以科研用装置及仪器类为最多，中国本土和英国以服装/鞋/帽类为最多，韩国以清洁和梳妆用制剂为最多，各国在中国的商标转让领域侧重不同。

2.2　2018 年商标许可数据分析

2.2.1　商标许可近 3 万次，广东商标注册人和美国、日本企业许可最活跃

2018 年中国有 19,011 件商标实施了许可，累计许可 26,894 次，其中有些商标发生了多次许可。

从2018年中国商标许可的来源地来看，国外来华的商标持有者实施许可活动比实施商标转让活动要频繁得多，2018年国外来华的商标许可次数占全国商标许可总次数的31.8%（商标转让占比为6.5%），中国本土的商标许可次数占比下降到68.2%（商标转让占比为93.5%）。如图2-3所示。这主要是因为，一个商标允许多人使用的情况下，商标许可不需要发生商标权利主体的变更，外商实施商标许可的手续操作也更简洁，而且在实际使用中，被实施了商标许可的商品，同样可以拥有该商标品牌的影响力。另一个可能的原因是，不同于商标转让采取的核准制，商标许可采取备案制，本土企业尤其是中小微企业存在大量未经备案的商标许可行为，难以纳入统计分析。

商标许可排名前五位的省市都位于东部地区，分别是广东、北京、上海、浙江、江苏，其商标许可次数占2018年中国商标全部许可次数的比例之和达到35.2%，分别为13.3%、7.0%、5.6%、4.8%、4.5%。

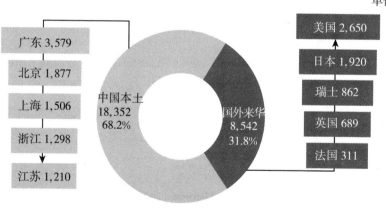

单位：次

数据来源：知识产权出版社 i 智库

数据时间：许可备案公告日为2018年1月1日至2018年12月31日

图2-3　2018年中国实施商标许可的申请人地区排名

排名第一位的广东省，无论是在商标转让方面还是在商标许可方面，都走在了全国的最前列，其商标转让和许可次数在2018年的占比都超过了全国的 1/10，企业商标申请人表现尤为突出。数据显示，2018 年广东省实施商标许可的 1,036 个商标申请人中，有 647 个商标申请人是企业，占比达 62.5%，超过一半。其中，中国平安保险（集团）股份有限公司、华润三九医药股份有限公司、深圳市乐有家房产交易有限公司、深圳市星河商用置业股份有限公司和富盈集团有限公司，这 5 个企业商标申请人占据了全国商标许可 TOP5 排行榜，它们分别许可商标 205 次、161 次、135 次、63 次和 63 次。

从国外来华商标许可来看，欧美发达国家商标许可活跃，美国、日本、瑞士、英国、法国排在前五位，这五个国家的商标许可次数分别占 2018 年中国商标全部许可次数的 9.9%、7.1%、3.2%、2.6%、1.2%。国外来华实施商标许可的公司中，美国的埃克森美孚、科勒公司、技术橡胶公司、捷通国际有限公司、美国安利有限公司排在前五位，分别作为商标许可人许可了 482 次、219 次、139 次、117 次和 116 次。从中也可以看出，虽然国外来华许可的商标总体数量不如中国本土，但个别国外申请人，尤其是跨国大公司，其商标许可却比中国本土申请人活跃，如美国的埃克森美孚、科勒公司的商标许可数量都超过了中国本土排名第一的中国平安保险（集团）股份有限公司。

2.2.2　中国商标许可人分布较分散，国外在华商标许可人相对集中

从 2018 年中国商标许可 TOP5 国家的主要许可人及其商标许可次数本国占比来看，中国实施商标许可的许可人比较分散，商标许可次数在中国的占比都在 1.5% 以下，如排名前三的许可人南方水泥有限公司、上海三联（集团）有限公司和中国平安保险（集团）股份有限公司，其次数占比分别为 1.3%、1.2% 和 1.1%。而国外来华商标许可人相对比较集中，如 2018 年瑞士的雀巢产品有限公司商标许可次数占瑞士在中国商标许可总次数的 63.1%、美国的埃克森美孚商标许可次数占美国在中国商标许可总次数的 18.2%、日本的株式会社利富高商标许可次数占日本在中国

商标许可总次数的 14.0%、英国的诚进有限公司商标许可次数占英国在中国商标许可总次数的 10.3%。如表 2-5 所示。

表 2-5　2018 年中国商标许可 TOP5 国家主要许可人及其商标许可次数本国占比

排名	国家	主要许可人	许可人商标许可次数本国占比
1	中国	南方水泥有限公司	1.3%
		上海三联（集团）有限公司	1.2%
		中国平安保险（集团）股份有限公司	1.1%
2	美国	埃克森美孚	18.2%
		科勒公司	8.3%
		技术橡胶公司	5.2%
3	日本	株式会社利富高	14.0%
		松下电器产业株式会社	11.0%
		太阳控股株式会社	6.7%
4	瑞士	雀巢产品有限公司	63.1%
		利乐拉伐控股信贷有限公司	5.3%
		亨特道格拉斯工业瑞士有限责任公司	5.1%
		黛安芬国际贸易有限公司	5.1%
5	英国	诚进有限公司	10.3%
		英国太古集团有限公司	9.3%
		芝华士控股（知识产权）有限公司	7.0%

数据来源：知识产权出版社 i 智库

数据时间：许可备案公告日为 2018 年 1 月 1 日至 2018 年 12 月 31 日

2.2.3　国外商标许可人较为活跃，主要为内部许可

2018 年中国商标许可双方 TOP5 排名如图 2-4 所示。从 2018 年中国商标许可双方排名来看，排名前列的许可人和被许可人多来自欧洲、美国、日本和韩国，相比之下，中国企业对商标许可的重视程度还有所欠缺。

单位：次

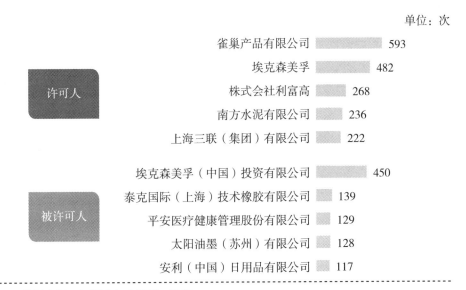

数据来源：知识产权出版社 i 智库

数据时间：许可备案公告日为2018年1月1日至2018年12月31日

图2-4　2018年中国商标许可双方 TOP5 排名

TOP5 许可人中，瑞士的雀巢产品有限公司许可次数最多，达593次，美国的埃克森美孚排名第二，日本的株式会社利富高排名第三，中国的南方水泥有限公司、上海三联（集团）有限公司分别排名第四、第五。

TOP5 被许可人都是在中国注册的企业。其中，埃克森美孚（中国）投资有限公司、泰克国际（上海）技术橡胶有限公司和安利（中国）日用品有限公司是美国在中国投资的企业，太阳油墨（苏州）有限公司是日本在中国投资的企业，仅有平安医疗健康管理股份有限公司是中国本土企业，该企业排名第五。

2018年中国 TOP5 商标许可人的商标主要流向如表2-6所示。进一步分析发现，国外许可人以内部许可为主，被许可人相对集中，如雀巢产品有限公司、埃克森美孚和株式会社利富高；国内许可人也主要许可给内部关联公司，且被许可人很分散。

排名第一的雀巢产品有限公司主要许可给其内部关联公司，包括名称中含有"雀巢"的公司：上海雀巢有限公司、天津雀巢普瑞纳宠物食品有限公司、天津雀巢有限公司；也包括名称中不含"雀巢"的公司，如上海太太乐食品有限公司、广州冷冻食品有限公司、山东银鹭食品有限公司、四川豪吉食品有限公司、东莞徐记食品有限公司等，这些公司实际上是雀巢的全资、控股或投资子公司。

排名第四、第五的是中国的南方水泥有限公司、上海三联（集团）有限公司，它们的被许可人非常分散，每个被许可人的被许可次数都在5次及以下，大部分被许可人是其内部关联公司，也有少量外部的商业性许可。

表 2 - 6　2018 年中国 TOP5 商标许可人的商标主要流向

排名	许可人	总许可次数（次）	主要被许可人	被许可次数（次）	商业性许可	许可人国别
1	雀巢产品有限公司	593	上海雀巢有限公司	59	无	瑞士
			天津雀巢普瑞纳宠物食品有限公司	56		
			天津雀巢有限公司	51		
			上海太太乐食品有限公司	47		
			东莞雀巢有限公司	44		
2	埃克森美孚	482	埃克森美孚（中国）投资有限公司	450	无	美国
			埃克森美孚（天津）石油有限公司	15		
			埃克森美孚（太仓）石油有限公司	15		
			坎克森美孚（天津）石油有限公司	1		
			埃克森美孚（中国）有限公司	1		
3	株式会社利富高	268	台扣利富高塑胶制品（东莞）有限公司	31	无	日本
			利富高（重庆）精密树脂制品有限公司	31		
			利富高（天津）精密树脂制品有限公司	31		
			利富高（江苏）精密树脂制品有限公司	31		
			利富高（湖北）精密树脂制品有限公司	31		

续表

排名	许可人	总许可次数（次）	主要被许可人	被许可次数（次）	商业性许可	许可人国别
4	南方水泥有限公司	236	诸暨南方水泥有限公司	1	有	中国
			株洲梓农混凝土有限公司	1		
			株洲中材混凝土有限公司	1		
			株洲市亿达混凝土有限公司	1		
			株洲盛世建设混凝土有限责任公司	1		
5	上海三联（集团）有限公司	222	安徽省爵视眼镜有限公司	5	有	中国
			诸暨市吴良材眼镜加盟店	2		
			上海顼灵光学眼镜有限公司徐汇分公司	2		
			淄博吴良材眼镜有限公司	1		
			诸暨市城北吴良材眼镜店	1		

数据来源：知识产权出版社 i 智库

数据时间：许可备案公告日为 2018 年 1 月 1 日至 2018 年 12 月 31 日

　　2018 年中国实施商标许可的 TOP5 被许可人的许可商标全部来自其内部关联公司。例如，被许可人安利（中国）日用品有限公司由捷通国际有限公司处获得 117 次的商标许可，而捷通国际有限公司是安利（中国）日用品有限公司的关联公司；被许可人太阳油墨（苏州）有限公司由太阳控股株式会社处获得 128 次的商标许可，前者是后者的全资子公司；其他 3 个被许可人——埃克森美孚（中国）投资有限公司、泰克国际（上海）技术橡胶有限公司和平安医疗健康管理股份有限公司的商标许可也全部来自其内部关联公司。如表2－7所示。

表2-7 2018年中国商标TOP5被许可人的商标主要来源

排名	被许可人	总被许可次数（次）	许可人	许可次数（次）	商业性许可	被许可人国别
1	埃克森美孚（中国）投资有限公司	450	埃克森美孚	450	否	中国
2	泰克国际（上海）技术橡胶有限公司	139	技术橡胶公司	139	否	中国
3	平安医疗健康管理股份有限公司	129	中国平安保险(集团)股份有限公司	129	否	中国
4	太阳油墨（苏州）有限公司	128	太阳控股株式会社	128	否	中国
5	安利（中国）日用品有限公司	117	捷通国际有限公司	117	否	中国

数据来源：知识产权出版社i智库

数据时间：许可备案公告日为2018年1月1日至2018年12月31日

2.2.4 医药品类商标许可最多，各国商标许可侧重领域不同

从2018年各国在中国的商标许可TOP5类别来看，商标许可的重点类别与商标转让的侧重有所不同，商标许可排在前两位的类别是医药品（国际分类号为5）、植物类食品（国际分类号为30），两者在2018年的许可次数分别为2,097次和2,024次，科研用装置及仪器（国际分类号为9）商标许可排名第三。进入TOP5商标许可排行榜的类别还有广告/商业服务等（国际分类号为35）、服装/鞋/帽（国际分类号为25）。如表2-8所示。

2018年中国的商标许可有68.2%来自本土，中国本土的商标许可主要以医药品为主，2018年共许可了1,644次，黑龙江葵花药业股份有限公司、华润三九医药股份有限公司、修正药业集团股份有限公司在该领域2018年的商标许可数量较为突出；植物类食品、运载工具（国际分类号为12）、科研用装置及仪器和广告/商业服务等分别排名第二至第五，分

表 2－8 2018 年各国在中国的商标许可 TOP5 类别及对应许可次数 　单位：次

排名	总体	中国本土	美国	日本	瑞士	英国	法国
1	5－医药品 [2,097]	5－医药品 [1,644]	4－工业用油和油脂 [219]	9－科研用装置及仪器 [200]	30－植物类食品 [242]	25－服装/鞋/帽 [40]	825－服装/鞋/帽 [97]
2	30－植物类食品 [2,024]	30－植物类食品 [1,396]	9－科研用装置及仪器 [155]	11－照明/加热等 [136]	29－动物类食品/蔬果 [123]	16－纸和印刷品类 [33]	35－广告/商业服务等 [57]
3	9－科研用装置及仪器 [1,704]	12－运载工具 [972]	25－服装/鞋/帽 [155]	7－机器/机床/马达/引擎 [134]	32－啤酒/饮料/果汁等 [83]	32－啤酒/饮料/果汁等 [25]	18－皮革类 [19]
4	35－广告/商业服务等 [1,348]	9－科研用装置及仪器 [961]	36－金融/货币/保险服务 [139]	5－医药品 [117]	5－医药品 [65]	33－含酒精的饮料 [24]	16－纸和印刷品类 [12]
5	25－服装/鞋/帽 [1,334]	35－广告/商业服务 [898]	3－清洁和梳妆用制剂 [118]	30－植物类食品 [114]	25－服装/鞋/帽 [51]	41－教育/文体活动类 [20]	43－提供食物和饮料服务 [9]

数据来源：知识产权出版社 i 智库

数据时间：许可备案公告日为 2018 年 1 月 1 日至 2018 年 12 月 31 日

别许可了 1,396 次、972 次、961 次和 898 次。

统计数据表明，各国在中国的商标许可领域侧重不同，中国本土商标许可偏重医药品、植物类食品领域；美国和日本都偏重科研用装置及仪器，同时美国更偏重工业用油和油脂（国际分类号为 4）领域，日本还偏重照明/加热等（国际分类号为 11）领域。

国外来华商标许可中，美国的商标许可次数最多，其在工业用油和油脂领域的商标许可次数排名第一，2018 年共许可 219 次，埃克森美孚公司在该领域表现突出；在科研用装置及仪器、服装/鞋/帽、金融/货币/保险服务（国际分类号为 36）和清洁和梳妆用制剂（国际分类号为 3）领域的商标许可次数分别排名第二至第五，分别许可 155 次、155 次、139次和 118 次。

日本在科研用装置及仪器领域商标许可次数最多，达 200 次，2018年松下电器产业株式会社在该领域表现最突出；其次是照明/加热等领域、机器/机床/马达/引擎领域、医药品领域、植物类食品领域，分别许可136 次、134 次、117 次和 114 次。

瑞士在植物类食品、动物类食品/蔬果领域的商标许可行为突出。英国和法国在服装/鞋/帽领域的商标许可相对较多。

第3章　知识产权转让许可典型案例

3.1　西电捷通：标准必要专利许可的运营模式

西安西电捷通无线网络通信股份有限公司（以下简称西电捷通）作为全球领先的网络与信息基础架构安全技术解决方案供应商，十余年来持续致力于网络基础安全技术创新。基于创新的虎符 TePA① 安全架构，西电捷通在 IP 安全、有线安全、无线移动安全、近距离通信安全、数据安全与隐私等诸多领域形成"虎符"系列基础安全技术，以及面向物联网安全、电子支付安全、云计算安全等领域和面向智能电网、金融、公共部门等安全的行业解决方案。

西电捷通已积累了 800 多项专利和专利申请。西电捷通创新的虎符 TePA 系列安全技术以其超前的优秀性能获国际标准（ISO/IEC 12 项）、欧洲标准（ECMA 3 项）和国家标准（32 项）采纳发布，较好地完成了技术成果专利化、专利标准化和标准国际化。此外，虎符 TePA – WAPI 是迄今全球两个无线局域网安全架构中唯一未被证明有安全缺陷的技术标准。

标准必要专利的特征在于其不可替代性，由于标准的强制性和强大的市场扩散力，标准必要专利的专利权人可以通过专利实施许可获得巨额实

---

① TePA（Tri – element Peer Authentication）：三元对等鉴别，是一种引入在线可信第三方的实体鉴别机制，中文简称虎符。

施许可费。西电捷通的专利实施许可行为，以标准必要专利的许可为主，辅以新专利技术的实施许可模式。从 i 智库提供的专利许可数据来看，2018 年，西电捷通对 82 件中国专利进行了专利实施许可，共许可 336 次，被许可人包括深圳市明华澳汉智能卡有限公司（124 次，其中部分专利在同一年被实施许可多次）、索尼移动通信公司（53 次）、深圳市瑞科慧联科技有限公司（53 次）、南昌黑鲨科技有限公司（53 次）、阿尔派株式会社（53 次）。如图 3-1 所示。其中，有 53 件专利分别被实施许可给索尼移动通信公司、深圳市瑞科慧联科技有限公司、南昌黑鲨科技有限公司和阿尔派株式会社，由此可见，这 53 件专利是西电捷通核心技术的相关标准专利。

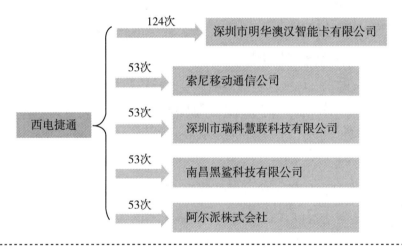

数据来源：知识产权出版社 i 智库
数据时间：法律状态公开（公告）日为 2018 年 1 月 1 日至 2018 年 12 月 31 日

图 3-1 2018 年西电捷通专利实施许可及被许可人情况

值得注意的是，2015 年 6 月 29 日，西电捷通在北京知识产权法院对索尼移动通信产品（中国）有限公司（以下简称索尼移动）提起专利侵权诉讼。2018 年 3 月 28 日，二审法院判决西电捷通胜诉，并确定了"三倍许可费"的赔偿原则，判令索尼移动赔偿西电捷通 862.9 万元。该案由于涉案双方均为知名企业且涉及标准必要专利，引起社会广泛关注，成为中国严格知识产权保护的标志性事件。索尼移动也于 2018 年与西电捷通签订了专利实施许可合同，以合法使用相关技术。

2018 年西电捷通转让与实施许可专利的申请时间分布如图 3 - 2 所示。2018 年西电捷通实施许可 82 件专利，专利申请时间分布于 2001 年至 2015 年，其中标准必要专利申请于 2001 年至 2010 年。53 件标准必要专利中，申请于 2004 年的一件专利 CN200410006203.8 的初始申请人为个人陈屹戎，该件专利于 2007 年被转让给西电捷通，成为西电捷通虎符 TePA 技术专利池中的重要组成部分，而陈屹戎亦曾担任西电捷通监事。

单位：件

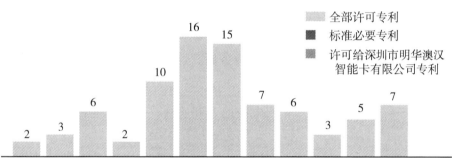

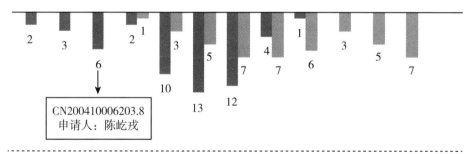

数据来源：知识产权出版社 i 智库

数据时间：法律状态公开（公告）日为2018年1月1日至2018年12月31日

图 3 - 2　2018 年西电捷通转让与实施许可专利的申请时间分布

西电捷通在 2018 年向深圳市明华澳汉智能卡有限公司实施许可专利 44 件，共签订 3 份实施许可合同，累计许可 124 次。当然，这 44 件专利并非全部为标准必要专利，其中只有 19 件专利为标准必要专利，其余 25 件专利均为西电捷通后期新申请专利。

深圳市明华澳汉智能卡有限公司主要从事研发、生产、销售及推广智能卡及相关读写设备，是国家商用密码产品生产和销售的定点单位，生产规模、技术及管理均处于国内领先地位。与西电捷通相似，深圳市明华澳汉智能卡有限公司也是中国无线局域网络标准 WAPI 标准的参与者和制定者之一，二者存在较多联系与合作。获得西电捷通新的专利技术实施许可，对深圳市明华澳汉智能卡有限公司的技术发展具有较大的促进作用。

西电捷通通过持续投入技术研发，与产业合作伙伴通力协作，建立全球网络安全技术标准并促进其实施，推动技术进步；同时，通过与之适应的以标准必要专利许可为核心的知识产权运营，积极创造技术转移收益，保障持续的创新投入和专利布局。这已经成为西电捷通主要的商业模式。

图 3－3 所示为 2018 年西电捷通专利实施许可涉及的技术构成。

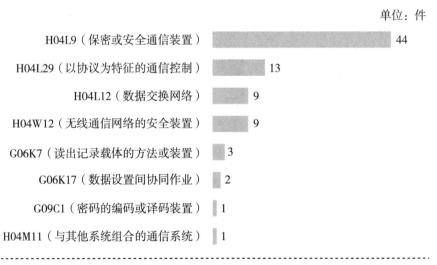

数据来源：知识产权出版社 i 智库
数据时间：法律状态公开（公告）日为2018年1月1日至2018年12月31日

图 3－3　2018 年西电捷通专利实施许可涉及的技术构成

3.2 上海交通大学：产学研合作促进高校院所科技成果转化

随着《中华人民共和国促进科技成果转化法》的修订和一系列相关政策的出台，高校科技成果转化加力提速，转化金额不断攀升，山东理工大学"无氯氟聚氨酯新型化学发泡剂"技术 5.2 亿元的许可费纪录已被刷新。

国家知识产权局公布的专利许可备案登记信息显示，上海交通大学医学院将一件名为"增强激动型抗体活性的抗体重链恒定区序列"（CN201710429281.6）的专利许可给苏州景涞医疗科技有限公司，许可形式为独占许可，备案日期为 2019 年 8 月，发明人为李福彬教授团队。正是这件专利创下了 8.28 亿元高额专利许可费的新纪录。

同时在专利许可备案登记信息中还可以看到，2018 年至 2019 年上海交通大学共有 16 件专利发生专利许可，共计签订 8 项专利许可合同，许可给 6 家企业，所涉及的技术领域除了用于肿瘤免疫治疗的抗体药物，还包括焊接辅助装置、高电压与绝缘领域中的局部放电检测技术、生物可降解医用材料、刀具、靶向药物和药物制剂。被许可企业除苏州景涞医疗科技有限公司外，还包括江苏北人机器人系统股份有限公司、苏州越众生物科技有限公司、深圳交大华源新兴技术产业研究院有限公司、常州市海力工具有限公司和杭州高田生物医药有限公司。如图 3-4 所示。其中，深圳交大华源新兴技术产业研究院有限公司的股东为上海交通大学深圳研究院，其业务范围涉及"技术服务、技术转让与技术代理"，该公司在上海交通大学的科技成果转化中起到了桥梁作用，一定程度上扮演了专业化运营机构的角色。

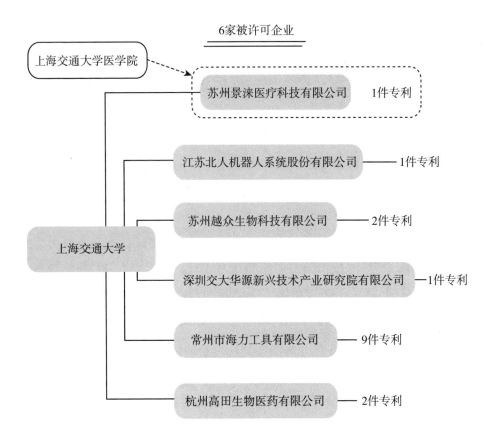

图 3 - 4 2018—2019 年上海交通大学的专利许可情况

可以说，2018 年以来，上海交通大学多项研究成果实现转化，取得了不菲的成绩。这得益于上海交通大学成果转化机制的不断完善。2018年，上海交通大学全面修订了成果转化相关政策和管理制度，制定了《上海交通大学关于完善知识产权管理体系落实〈促进科技成果转化法〉的实施意见》《上海交通大学科技成果转化管理办法》《上海交通大学科技成果作价投资实施细则》《上海交通大学科技成果转化资金管理及收益分配细则》《上海交通大学科技成果合同订立及审批细则》和《上海交通大学科技成果转化基金管理细则》等一系列文件，提高了相关法律和政策的操作性，将国家促进科技成果转化的利好政策落到实处。根据上海交通大学的相关规定，可在学校、所属单位、科技成果完成人之间进行科技成果转化收益的分配和奖励，科技成果完成人最多可获得80%的现金收益分配比例。

3.3 尤尼林 VS 燕加隆："中国创造"如何打破地板锁扣的专利枷锁

尤尼林（Unilin）集团是地板、板材及保温隔热材料的领先企业，集团年销售额超过11亿欧元，大多数尤尼林集团的专利和地板锁扣技术相关，被称为尤尼林克（Uniclic）锁扣系统。这种简单可靠的强化木地板锁扣技术是首次在地板上使用的直接铣削锁扣系统，是地板行业的重大创新。尤尼林集团针对其地板锁扣技术在全球范围内布局了大量专利，成功地将技术优势转变为专利优势，在全球拥有100多家专利用户，每年从全球地板企业收取数十亿美元的专利许可费用。

中国地板企业出口订单的强势增长引起了尤尼林集团的极大关注，2005年尤尼林集团在美国对中国18家地板企业发起了337调查。根据仲裁结果，凡是向欧美地区出口采用了尤尼林集团锁扣技术地板产品的中国企业，每年都要向其支付10万—12万美元的一次性专利使用费，并且还要按面积缴纳费用，一般占总成本的10%—15%。可以说，尤尼林集团的锁扣技术相关专利成为中国地板企业发展的专利枷锁。从2018年公告的许可备案信息来看，2018年尤尼林集团许可专利达到1,034次，共涉及45件地板相关技术的专利，平均1件专利许可23次，被许可人为包括江苏源美竹木业有限责任公司、辽宁施奈尔室内装饰产品有限公司、江苏肯帝亚木业有限公司、常州市翠鸟装饰材料有限公司等在内的40家中国地板企业，这些企业来自江苏、辽宁、浙江、山东、河北、吉林、福建等多个省市，如图3-5所示，可见尤尼林集团的锁扣专利对中国地板企业的影响之广。

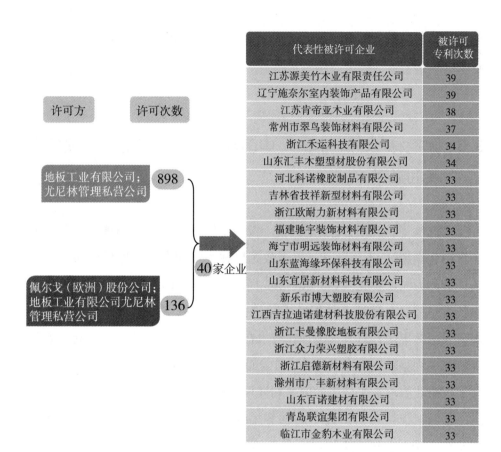

代表性被许可企业	被许可专利次数
江苏源美竹木业有限责任公司	39
辽宁施奈尔室内装饰产品有限公司	39
江苏肯帝亚木业有限公司	38
常州市翠鸟装饰材料有限公司	37
浙江禾运科技有限公司	34
山东汇丰木塑型材股份有限公司	34
河北科诺橡胶制品有限公司	33
吉林省技祥新型材料有限公司	33
浙江欧耐力新材料有限公司	33
福建驰宇装饰材料有限公司	33
海宁市明远装饰材料有限公司	33
山东蓝海缘环保科技有限公司	33
山东宜居新材料科技有限公司	33
新乐市博大塑胶有限公司	33
江西吉拉迪诺诺建材科技股份有限公司	33
浙江卡曼橡胶地板有限公司	33
浙江众力荣兴塑胶有限公司	33
浙江启德新材料有限公司	33
滁州市广丰新材料有限公司	33
山东百诺建材有限公司	33
青岛联谊集团有限公司	33
临江市金豹木业有限公司	33

图 3－5　2018 年尤尼林集团在中国的专利许可情况

　　通过对许可备案登记信息进一步分析可以看到，尤尼林集团在中国通过三家公司收取许可费，分别是地板工业有限公司（Flooring Industries）、尤尼林管理私营公司和佩尔戈（欧洲）股份公司（Pergo，以下简称佩尔戈）。其中地板工业有限公司是下属于尤尼林集团的知识产权公司，负责管理集团的知识产权以及开展集团专利许可的谈判和专利授权，目前管理着集团超过 60 个专利族的 500 多件专利。而佩尔戈是一家高级复合地板生产商，由于其在复合地板方面的核心技术闻名全球，拥有美国和欧洲最受认可的品牌。2012 年 10 月，尤尼林集团的母公司莫霍克工业公司（Mohawk Industries，Inc.）宣布收购佩尔戈，增强了尤尼林和佩尔戈的专利组合优势。而根据尤尼林集团发布的消息，旗下尤尼林技术部（Unilin

Technologies）计划逐渐转型成为一家向企业提供知识产权管理、保护和授权等综合服务的专业咨询机构。由此可见，尤尼林集团每年通过专利许可费获取大量的利润，得益于其完善的专利布局策略和成熟的知识产权运营模式，即通过设置专门的子公司或机构来强化专利以许可的方式对外运营。

在尤尼林集团的专利枷锁之下，中国地板企业燕加隆成为首家在337调查中胜诉的企业。燕加隆遭遇了尤尼林集团多年的"围追堵截"，历经337调查、临时禁制令等7次跨国知识产权摩擦，并全部取胜，打破了尤尼林集团一家独大的技术垄断格局。拥有自主锁扣专利技术是燕加隆对抗尤尼林集团的"底气"，1996年燕加隆创新性地开发了垂直嵌入型锁扣，突破了欧洲斜插锁扣理念，称之为"一拍即合"锁扣技术，并在国内外布局了专利。i智库数据显示，燕加隆在中国的专利申请量达148件，包括13件发明专利，并且在美国、欧洲、加拿大、澳大利亚、西班牙、韩国等国外区域均布局了专利。根据2007年美国国际贸易委员会的最终裁决结果，燕加隆公司的"一拍即合"锁扣成为唯一被认定不侵权的产品，"一拍即合"锁扣技术也成为世界级的锁扣技术，彻底打破了尤尼林集团地板锁扣专利技术的长期垄断地位，中国地板企业通过"中国创造"在国际竞争中赢得了通行证。

3.4 成都新柯力：生产型企业的专利运营之路

成都新柯力化工科技有限公司（以下简称成都新柯力）成立于1992年，其前身是成都柯力化工研究所，主要经营生物降解材料、改性塑料、环保石头纸、建筑节能恒温材料等高新技术的产业化研究开发，属于行业骨干企业，拥有总面积6,000多平方米的研发中心和一批经验丰富的专业技术人员。2016年，成都新柯力获批成为国家专利运营试点企业，不断加强生产型企业的专利运营探索。

3.4.1　专利申请及运营的整体状况

i智库统计数据显示，截至 2018 年底，成都新柯力已累计申请 2,000
多件中国专利，并通过 PCT 途径申请了 22 件专利。如图 3 - 6 所示，这些
专利中，有 431 件涉及专利转让、5 件涉及专利质押、1 件涉及专利许可，
涉及运营的专利约占公司专利总申请量的 20% 。

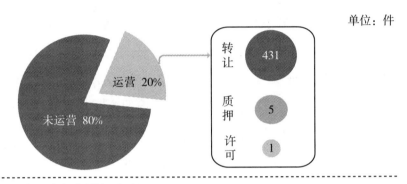

数据来源：知识产权出版社 i 智库
数据时间：法律状态公开（公告）日截止到 2018 年 12 月 31 日

图 3 - 6　成都新柯力整体专利运营情况

成都新柯力从 2015 开始发生专利转让，从最开始的 4 件到 2016 年的
21 件、2017 年的 105 件，2018 年成都新柯力发生转让的专利达到 200 件，
比 2017 年专利转移数量增长 90.5% 。如图 3 - 7 所示。

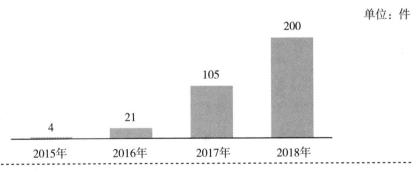

数据来源：知识产权出版社 i 智库
数据时间：法律状态公开（公告）日截止到 2018 年 12 月 31 日

图 3 - 7　成都新柯力专利转让趋势（2015—2018 年）

3.4.2　2018 年专利运营状况

2018 年，成都新柯力转让的专利主要涉及电气元件、肥料、染料、污水处理、塑料加工领域，与其主营业务息息相关，如图 3 - 8 所示。对外转让专利共 200 件，其中有 165 件转给企业、33 件转给个人、1 件转给科研院所、1 件转给高校。受让人中，浙江大东吴集团建设新材料有限公司、魏颖和广州博鳌纵横网络科技有限公司受让专利较多，分别为 13 件、11 件和 9 件，如图 3 - 9 所示。另外，成都新柯力还分别转让给临沂大学、内蒙古石墨烯材料研究院专利各 1 件，其中转让给临沂大学的专利涉及污水处理领域，转让给内蒙古石墨烯材料研究院的专利涉及石墨烯领域。

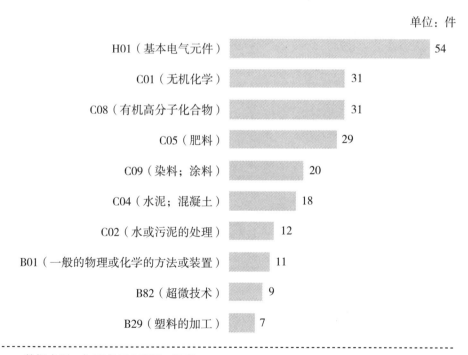

单位：件

H01（基本电气元件）	54
C01（无机化学）	31
C08（有机高分子化合物）	31
C05（肥料）	29
C09（染料；涂料）	20
C04（水泥；混凝土）	18
C02（水或污泥的处理）	12
B01（一般的物理或化学的方法或装置）	11
B82（超微技术）	9
B29（塑料的加工）	7

数据来源：知识产权出版社 i 智库

数据时间：法律状态公开（公告）日为 2018 年 1 月 1 日至 2018 年 12 月 31 日

图 3 - 8　2018 年成都新柯力专利转让涉及专利的技术构成分析

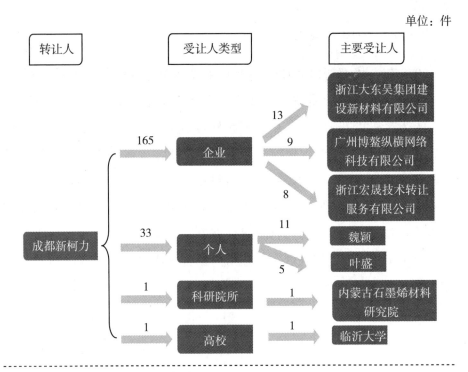

单位：件

图 3 – 9　2018 年成都新柯力专利转让的受让人分析

数据来源：知识产权出版社 i 智库

数据时间：法律状态公开（公告）日为2018年1月1日至2018年12月31日

金融投资篇

第4章　知识产权金融工作实践

4.1　知识产权金融服务类型分析

实际工作中，一般认为知识产权金融是基于知识产权，促进创新成果产业化和知识产权价值实现的一系列金融工具与服务的系统性、创新性产物。其核心是发挥知识产权的价值，引导金融资源向创新型企业集聚，实现知识产权的商业化和资本化。知识产权金融参与主体包括知识产权金融需求方、供给方、政府部门及相关中介机构。政府部门出台知识产权金融政策和监管措施，知识产权金融供给方在相关政策的引导下，为知识产权金融需求方提供金融支持；中介机构包括担保机构、资产评估机构、信用评级机构以及会计师事务所等，主要作用是为知识产权金融需求方与供给方搭建桥梁，减少双方的信息不对称，加强互信，提高整个体系的运行效率。

近年来，知识产权金融服务创新加速，除知识产权质押贷款外，投资基金、融资租赁、证券化、信托等新型知识产权金融形式在各地涌现，服务类型日趋多元化。中国的知识产权金融形式主要有五类，包括知识产权质押融资、知识产权证券化、知识产权保险、知识产权信托和知识产权投资基金。

4.1.1　知识产权质押融资

知识产权质押是指为担保债权人的债权，债务人或第三人以商标专用权、专利权、著作权中的财产权等知识产权为标的所设定的质押形式。如果相关债务人未能及时依照约定履行债务，那么债权人有权根据相关的法律规定将质押人质押的知识产权出售或者拍卖，并且将所得款项作为债权的优先受偿金额。其中，为债权提供知识产权担保的债务人或者第三人为出质人，而债权人则为质权人。出质设定担保的知识产权为质押标的物，即通常所说的"质物"。

作为一种合同法律关系，知识产权质押合同的设立须符合合同成立的一般要件，即要有当事人以及当事人之间形成合意。知识产权质押融资实质上是借贷合同关系与质押担保合同关系的结合。其中，借贷关系是主合同关系，而质押合同关系是从合同关系。借贷合同关系中的借款人（债务人），通常是质押合同关系中的出质人；而借贷合同关系中的贷款人（债权人），通常是质押合同关系中的质权人。

4.1.2　知识产权证券化

知识产权证券化是指发起人（Originator）将其具有可预期收入现金流的知识产权（称为基础资产），通过一定的结构安排对基础资产中风险与收益要素进行分离与重组，转移给一个特殊目的机构（Special Purpose Vehicle，SPV），由后者发行一种基于该基础资产所产生现金流的可以出售和流通的权利凭证，据以融资的过程。

作为发行资产支持证券进行融资的一种方式，知识产权证券化以知识产权的未来许可使用费（包括预期的知识产权许可使用费和已签署的许可合同保证支付的使用费）为支撑，利用资产证券化的组织与体系，将原本不易流动变现的知识产权转换成单位化、小额化而容易流通的证券（Security）形式，在金融市场上向投资人销售以募集资金。对企业而言，知识产权证券化就是将能产生现金流量（现有的与未来的）的知识产权，移转给特殊目的机构并且发行证券，从而以资产证券化募集资金。

知识产权证券化主要包括以下步骤：第一，由发起人根据自身需要，确定资产证券化目标，然后对拟证券化的知识产权标的进行清点评估，将其组成知识产权资产池；第二，组建特殊目的机构，实现真实出售；第三，完善交易结构，进行内部评级；第四，通过破产隔离、证券分级和金融担保进行信用增级；第五，进行发行评级、安排证券发行；第六，发行证券，向发起人支付购买价格；第七，实施资产管理，建立投资者应收积累金；第八，按期还本付息，对聘用机构付费。

4.1.3　知识产权保险

知识产权保险是以知识产权和知识产权侵权赔偿责任为标的的保险，主要解决由于知识产权的侵权行为而造成的民事责任赔偿和财产损失。按照知识产权保险性质的不同，可将其分为知识产权执行责任保险与知识产权侵权责任保险，前者是保险人向知识产权权利主体进行理赔，后者则是保险人向知识产权潜在的侵权人进行理赔。知识产权保险作为风险分散的金融手段，在推进知识产权保护、完善知识产权风险分担体系方面发挥了重要作用。

中国的知识产权保险实践始于 2009 年 8 月，国内首创的专利保险模式——专利保险合作社在佛山市禅城区成立。2010 年底，禅城区在全国率先探索设立了专利保险。2012 年初，国家知识产权局启动专利保险试点工作，首批选取北京、武汉、镇江等 8 个市作为专利保险试点城市。2013 年初，国家正式批复沈阳、重庆、福州、东莞等 20 个地区开展第二批专利保险试点工作。[①]

2015 年，中共中央、国务院发布《关于深化体制机制改革加快实施创新驱动发展战略的若干意见》，首次在中央文件中提出"推进专利保险试点"的工作要求。同年，《国务院关于新形势下加快知识产权强国建设的若干意见》中明确提出"积极推进知识产权海外侵权责任保险工作"。

---

① 丁吟菲. 构建我国知识产权质押融资保险制度之研究［D］. 上海：华东政法大学，2014.

2017 年，《国务院关于强化实施创新驱动发展战略　进一步推进大众创业万众创新深入发展的意见》中明确提出"推广专利权质押等知识产权融资模式，鼓励保险公司为科技型中小企业知识产权融资提供保证保险服务"，将知识产权保险的业务领域由知识产权保护扩展到知识产权质押融资保障。《中国保监会关于保险业支持实体经济发展的指导意见》中也明确提出"研究开展专利保险试点工作，分散科技企业创新风险，降低企业专利维权成本，为科技企业自主创新、融资、并购等提供全方位的保险服务"。2017 年，《国务院办公厅关于推广支持创新相关改革举措的通知》明确提出推广"贷款、保险、财政风险补偿捆绑的专利权质押融资服务"。2019 年，《国务院办公厅关于推广第二批支持创新相关改革举措的通知》明确把建立"以降低侵权损失为核心的专利保险机制"作为在全国推广的改革举措之一，提出"围绕专利应用和维权，开发包括专利代理责任险、专利执行险、专利被侵权损失险等保险产品，降低创新主体的侵权损失"。

2017 年，国家知识产权局连续发布《国家知识产权局办公室关于引入专利质押融资保证保险完善专利质押融资风险补偿机制的通知》和《国家知识产权局办公室关于抓紧落实专利质押融资有关工作的通知》两个文件，要求辽宁、山东、广东、四川 4 个国家专利质押融资风险补偿试点省份在"2018 年 6 月底前将取得的经验在辖区内 80% 以上的地市进行推广"，尚未建立风险补偿机制的省份"要引入专利保险机制，设立地方性风险补偿资金，积极引导企业为质押项目购买专利执行保险和融资保证保险，2018 年上半年实现贷款、保险、财政风险补偿捆绑的专利权质押融资项目落地"。

国家知识产权局按照"政府引导、商业对接、专业运作"的总体工作模式，以产品创新为依托，积极推进金融保险支持知识产权保护运用，协助构建知识产权保障体系，知识产权保险工作取得积极进展。一是保险产品体系不断完善。包含专利执行保险、侵犯专利权责任保险、专利质押融资保证保险、商标被侵权损失保险等 40 多个知识产权专属保险产品。二是覆盖范围不断拓展。截至 2018 年，知识产权保险业务已覆盖 22 个省市，湖北、深圳、陕西、山东、青岛、广州等十余个省（区、市）的知识产权管理部门陆续与专业保险机构签署合作协议。三是保险规模不断扩大。2018 年，保险金额超 124 亿元，同比增长 25%；投保企业超 4,000 家，同比增长 14%。

4.1.4　知识产权信托

知识产权信托是指知识产权所有者将其所拥有的知识产权委托给信托机构，由信托机构进行管理或者处分，以实现知识产权价值的一种信托业务。

知识产权信托具有如下特征[①]。

第一，知识产权信托是一种理财制度。这种理财制度以信任为基础，委托的内容是管理、处分知识产权；这种理财的目的是维护受益人的利益。知识产权信托是委托人将自己的知识产权委托给所信任的受托人，按照信托目的，为委托人自己的或者他人的利益而管理或者处分该财产的制度。

第二，受托人是以自己的名义管理、处分知识产权。这与知识产权代理明显不同。在知识产权代理活动中，代理人只能以被代理人名义而不能以自己的名义从事代理活动。

第三，信托财产是委托人所委托的知识产权中的财产权。信托知识产权中的财产权包括：对知识产权的许可使用权；获取知识产权收益的受益权；实施对知识产权管理的权利；对知识产权的处分权。这四种权利是可以分离的，可以分别行使或者分别加以组合行使。委托人有权依照法定的规则，自主地决定其知识产权运用信托的具体内容、具体方式。

---

① 邵文猛. 知识产权信托制度研究［D］. 郑州：郑州大学，2011.

中国人民银行制定颁布的《信托投资公司管理办法》第 20 条中明确规定知识产权可作为信托财产，这为知识产权信托奠定了法律基础。2011年，中关村示范区设立了"中关村自主创新知识产权融资集合资金信托计划"，阿尔西制冷工程技术（北京）有限公司等四家企业，以信托贷款的方式成功获得 2,000 万元融资支持。2016 年 6 月，国务院批复同意《安徽省系统推进全面创新改革试验方案》，知识产权信托交易试点是"推进全面创新改革试验"的重点任务。2018 年 10 月，安徽省知识产权信托交易试点签约仪式在合肥高新区举行。试点采取知识产权收益权转让模式进行资金信托，在不改变知识产权权属的前提下，将未来一段时间企业知识产权收益权有偿转让给安徽国元信托有限责任公司，由安徽国元信托有限责任公司为企业募集社会资金，待信托到期后，再由企业回购。首期共募集资金 2,000 万元，期限两年。

4.1.5　知识产权投资基金

知识产权投资基金是知识产权融资的一种创新形式，是为实现知识产权价值的整个过程提供资金支持，以保证每个环节有效进行，特别是针对提升专利价值的各个过程（包括专利申请、专利实施、专利转化、专利组合授权、专利诉讼等）设立的基金。在加快创新型国家建设、推动产业转型升级的大背景下，设立知识产权投资基金，利用资本市场激活存量知识产权，使知识产权的价值得以释放是强化知识产权运用的重要举措。

中国首支国家资金引导的知识产权股权基金——国知智慧知识产权股权基金于 2015 年 11 月 9 日正式发布。基金主发起方为北京国之专利预警咨询中心，是首批"国家专利运营试点企业"之一。该基金将主要投资目标为拟挂牌"新三板"的企业，所投资金用于开发、挖掘各类企业的知识产权，并帮助中小企业有效地获取核心技术专利，以满足自身发展需求。同时，基金亦按照行业及地域划分与其他机构开展合作，吸引社会资本参与，最大限度地发挥政府资金在推动知识产权保护和专利创新中的引导作用。

各地知识产权运营基金也不断涌现。2014 年 4 月 25 日，以小米科技公司为主要投资方的北京智谷睿托知识产权运营基金成立。2015 年 8 月，七星天成立了海外专利运营基金。2015 年 12 月 17 日，汉唐·湖大专利科创基金发布会在长沙召开，该基金旨在推动形成"创新苗圃—孵化器—加速器"的科技创新创业孵化链条建设。2015 年 12 月 29 日，四川省知识产权运营基金成立，该基金重点投向拥有高质量知识产权的优质企业知识产权运营、高价值专利池（专利组合）的培育和运营，以及知识产权重大涉外纠纷应对和防御性收购等。2015 年 12 月 31 日，北京市重点产业知识产权运营基金在北京市经济技术开发区宣布正式成立，基金首期重点支持移动互联网和生物医药产业。2016 年 12 月 16 日，上海市重点产业知识产权运营基金注册成立，该基金重点支持生物医药和高端医疗器械、信息技术等产业领域的知识产权运营、成果转化及相关项目的孵化。2017 年 11 月 9 日，湖南省重点产业知识产权运营基金在长沙揭牌成立，基金重点支持先进轨道交通装备、工程机械及具有特色的细分先进装备制造产业。

总的来看，当前知识产权运营基金仍以政府主导为主，重点支持拥有自主知识产权的高新技术企业。从基金投资的行业来看，知识产权密集型产业成为关注焦点，移动互联网、新一代信息技术、生物医药产业是投资的热点产业。

4.2　知识产权金融市场服务体系

知识产权是一种无形资产，与其他实物资产不同，作为金融产品的标的物存在一定的障碍。这种障碍是由知识产权本身的特性决定的。一是在知识产权的市场价值上存在严重的信息不对称。二是知识产权的价值受到诸多不确定性因素的影响，知识产权价值变现存在巨大的风险。而金融机构对于风险非常敏感，有效降低风险就成为知识产权金融市场发展的关键门槛。为扩大知识产权金融规模，相关部门出台了一系列具有针对性的政策和举措以降低知识产权金融风险，持续优化知识产权金融服务体系。一方面，政府通过制定战略引导、政策规划、法律法规等措施支持知识产权金融快速发展；另一方面，金融机构在保证风险可控的基础上，实行尽职免责，优化服务程序，加强技术手段运用，同时加强知识产权金融服务创新，探索投贷联动、投保联动、投债联动等新模式。

随着专利质押、保险等相关试点示范工作推向深入，知识产权质押融资风险补偿试点、知识产权运营基金试点等中央财政引导政策出台，有关地方和金融机构在知识产权金融方面进行形式多样的机制和模式创新，完善知识产权金融服务链条，促进知识产权与金融资源深度融合。特色工作如下。

一是广东省多地建立质押融资风险补偿机制。2015年，国家知识产权局联合财政部印发《关于做好2015年以市场化方式促进知识产权运营服务工作的通知》，支持辽宁、四川、山东、广东4个省设立知识产权质押融资风险补偿基金，每个省给予5,000万元财政经费支持。其中广东省进一步发挥中央财政资金杠杆效应，引导省内城市设立市级知识产权质押融资风险补偿基金。2017年，广州市知识产权质押融资风险补偿基金成立，基金首期投入由中央财政出资1,000万元，市财政出资3,000万元，共4,000万元，对在基金存续期间发生的专利质押贷款损失按一定比例予以补偿。2018年，深圳市市场和质量监督管理委员会与深圳高新投融资担保公司共同发起设立"深圳市知识产权质押融资担保风险补偿基金"，该基金旨在通过市场化的手段，有效发挥财政资金杠杆作用，为在深圳市注册的中小微企业利用知识产权进行质押融资提供风险补偿，缓解初创型企业固定资产不足导致的融资难、融资贵等问题。

二是厦门市独创知识产权银行模式。该模式的主要特点是分步建设

"商业性、政策性与运营性三合一"海峡两岸知识产权银行。厦门市先期选取中国银行海沧支行、农业银行自贸区分行、建设银行科技支行、交通银行自贸区支行、厦门银行松柏支行、厦门农商银行营业部、兴业银行自贸区支行和浦发银行自贸区分行8家试点单位开展两岸知识产权金融试点特色业务。2017年，厦门市推动设立国内首家"知识产权特色支行"，即厦门农商银行"知识产权特色支行"，开展"知保贷""知担贷"专利权质押融资特色业务，通过风险补偿共担机制和政府提供的政策补贴、购买服务、激励奖励，引导拥有核心专利技术的轻资产型、科技型中小企业实现专利权的市场价值。

三是海南省开创知识产权证券化试点。在国家知识产权局、中国证券监督管理委员会、海南省市场监督管理局共同指导和地方金融管理局、中国证券监督管理委员会海南监管局密切配合下，海南省知识产权局实施一系列知识产权证券化动作，实现了重大改革创新。比如，聚焦知识产权证券化和信用担保机制举办五指山论坛，形成《知识产权运营支撑海南自贸区和中国特色自贸港建设的海南共识》。在此基础上，在上海证券交易所成功发行首单知识产权供应链金融资产支持专项计划——"奇艺世纪知识产权供应链金融资产支持专项计划"（以下简称奇艺世纪知识产权供应链ABS）。奇艺世纪知识产权供应链ABS基础资产债权的交易标的物全部为知识产权，评级机构对全部奇艺世纪知识产权供应链ABS优先级证券评级为AAA。

四是投资基金与质押贷款形成投贷联动效应。秉鸿智融知识产权投资基金与知识产权质押融资产品"智融宝"业务结合，打造以贷先行，股权投资基金、知识产权运营等增值服务为一体的业务方式，形成"知识产权运营＋投贷联动"的运营模式，为北京市中小微科技型创新创业企业提供"股权＋债权"的金融服务，更好地满足企业的差异化融资需求，助力企业快速成长。

五是知识产权融资租赁试水成功。2014年9月，中国第一家以文化资产融资租赁为主业的融资租赁公司——北京市文化科技融资租赁股份有限公司（以下简称文科租赁公司）正式成立。2015 年 9 月，文科租赁公司在全国首创知识产权融资租赁，即以文化科技企业的专利权、著作权、商标权等无形资产为租赁标的物，向企业提供资金支持，有效缓解文化科技企业因"轻资产、规模小"，难以通过不动产抵押等传统方式获得银行融资的问题，在银行的"无形资产质押"信贷之外，走出一条企业知识产权融资道路。2018 年 12 月 14 日，中国首支以知识产权融资租赁债权作为基础资产的证券化标准化产品"第一创业——文科租赁一期资产支持专项计划"在深圳证券交易所取得无异议函。

六是知识产权信托首单落地。安徽省启动知识产权信托交易试点，安徽国元信托有限责任公司、合肥高新融资担保有限公司分别与合肥市百胜科技发展股份有限公司、安徽中科大国祯信息科技有限责任公司、合肥联信电源有限公司三家企业签约，共募集首期资金 2,000 万元，期限两年。这次试点以知识产权收益权转让模式进行资金信托，在不改变知识产权权属的前提下，将未来一段时间企业知识产权收益权有偿转让给安徽国元信托有限责任公司，由安徽国元信托有限责任公司为企业募集社会资金，信托期满后再由企业以知识产权未来收益权为还款基础，对知识产权收益权进行溢价回购。①

---

① 知识产权金融服务的变革与创新［EB/OL］.（2019 – 02 – 18）［2019 – 12 – 24］. http://www.sohu.com/a/295482407_120029240.

第5章　知识产权金融产品和专利质押数据分析

5.1　知识产权金融产品分析

5.1.1　知识产权金融相关指数

在知识经济时代，知识产权是企业重要的核心资产，在企业投资价值判断中扮演着越来越重要的角色。传统的知识产权价值评估方法耗时费力。想从上千家 A 股上市企业，甚至是一级投资市场中的数万家企业中挑选有价值的投资对象，依靠传统的知识产权价值评估方法是难以满足需求的。

2016 年 5 月，3 个基于量化模型与演算法的专利股票指数发布，分别是深证创业板专利领先指数（代码 399691）、深证中小板专利领先指数（代码 399690）和中证水杉环保专利 50 指数（代码 930835），这是从投资获利的角度重新架构了专利价值评估体系。此后，金融市场中与知识产权相关的指数逐渐增多。

1. 国证德高行专利领先指数（399427.SZ）

国证德高行专利领先指数是德高行（北京）科技有限公司与深圳证券信息有限公司合作开发的国内证券市场第一只引入专利概念的股票指数。该指数反映专利领先型企业的股价整体趋势，同时也反映出专利对上市公司投资价值的影响。国证德高行专利领先指数的基础是通过专利大数据的指标提取、加工及演算，构建出以专利指标预测股价的股价预测公式，根据股价预测结果再选出投资潜力最佳的 100 个样本股。

在上述专利领先公式中，共设计了两类指标：专利指标和财务指标。其中，专利指标有将近 50 个，这些专利指标都是计算机自动运算的数量指标，如专利总数、平均专利寿命、专利平均审查期、当期的专利公开数量、专利授权数量、专利 IPC 分类号总数、专利 IPC 分类号平均数、专利说明书总页数、专利说明书平均页数、专利的权利要求总数、专利的权利要求平均数、专利的独权总数、专利的独权平均数、专利说明书的附图张数、专利说明书的附图平均数等。财务指标是指表达企业经营绩效的指标，包括偿债能力指标、运营能力指标、获利能力指标、发展能力指标以及股价指标等。其中，获利能力指标又包括净资产收益率 ROE、资产报酬率 ROA、每股收益 EPS 以及市净率 MTB 等。

2. 深证创业板专利领先指数（399691. SZ）

深证创业板专利领先指数以创业板上市交易的 A 股为样本空间。该指数采用德高行（北京）科技有限公司的专利大数据选股模型。根据 A 股上市公司发明、实用新型及外观等专利总量，以及其年度增量等专利信息指标构建量化模型，计算上市公司专利领先得分并从高到低排序，选取创业板排名靠前的 50 只股票，构成深证创业板专利领先指数样本股。在每季度的第一个交易日对样本股实施季度定期调整。

3. 深证中小板专利领先指数（399690. SZ）

深证中小板专利领先指数以中小板上市交易的 A 股为样本空间。该指数计算方法与深圳创业板专利领先指数相同。并且，同样是在每季度的第一个交易日对样本股实施季度定期调整。

4. 中证水杉环保专利 50 指数（930835. CSI）

中证水杉环保专利 50 指数的评估模型所使用的待选样本公司包括涉及资源节约、污染管理、清洁技术、生态修复、环境治理等领域的上市公司，以及致力于通过技术革新来改善自身污染排放水平和资源利用效率的上市公司。根据水杉投资有限公司提供的基于上市公司发明公开数量、发明授权数量等专利总量指标及有效专利占比、技术特征数量、授权权利要求数量、环保专利数量等专利细分指标构建的专利价值模型，对待选样本就环保专利进行评分。按照环保专利得分由高到低排序，选取得分靠前的前 50 只股票构成中证水杉环保专利 50 指数样本股。

中证水杉环保专利 50 指数的样本股每半年调整一次，样本股调整实施时间分别是每年 6 月和 12 月的第二个星期五收盘后的下一个交易日。权重调整因子随样本股定期调整而调整，调整时间与指数样本定期调整实施时间相同。在下一个定期调整日前，权重调整因子一般固定不变。

5. 中证医药知识型创新主题指数（931011. CSI）

中证医药知识型创新主题指数的评估模型是基于研发投入、专利成果、产品门槛三个维度的相关创新指标，在制药行业中选取创新程度靠前的前 50 只股票作为样本股，采用等权重加权方式，以反映制药行业中创新力较强的上市公司的整体表现。

其选样过程包括：第一，在样本空间内，按照过去一年日均成交金额由高到低排序，剔除流动性排名后 20% 的股票；第二，根据中证行业分类，将四级行业分类属于中药、化学药、生物科技、制药和生物科技服务的股票作为待选样本；第三，在上述待选样本中，基于研发投入、专利成果、产品门槛三个维度评估制药企业的创新程度，选股指标包括过去五年平均 R&D 投入、专利数量得分、专利质量得分、过去三年平均毛利率；第四，按照上述单项指标得分（标准化后）加总得到个股综合得分，按照综合得分由高到低排序，选取前 50 只股票构成指数样本股。

6. 知识产权指数（8841093. WI）

知识产权指数是采用等权重加权方式进行计算的股票类全收益指数，发布日期为 2018 年 4 月 11 日，发布机构是 Wind 资讯。该指数的样本股主要包含一些涉及知识产权交易、保护等相关业务的公司。

7. IP 流量变现指数（884194. WI）

IP 流量变现指数是采用等权重加权方式进行计算的股票类全收益指数，发布日期为 2015 年 7 月 27 日，发布机构是 Wind 资讯。

"IP（Intellectual property）流量变现"即知识产权流量变现，是指通过跨行业授权来充分挖掘知识产权方面的价值，并拓展出延伸领域的商业机会。例如：影视作品、电影主题公园、文化城、动漫玩具等均为 IP 流量变现的具体体现。该概念主要包括具有原创文化内容版权，并依托 IP 版权本身具有的流量优势进行商业价值拓展的公司。

如表 5 - 1 所示，除中证水杉环保专利 50 指数和 IP 流量变现指数外，知识产权金融指数近一年的涨幅均在 10% 以上，其中知识产权指数的涨幅超 30%，投资者可以将知识产权金融相关指数作为投资的重要决策参考。

表 5 - 1　知识产权金融指数的市场表现

代码	指数名称	最新日期	近一年涨跌幅
8841093. WI	知识产权指数	2019 - 09 - 19	31.37%
399690. SZ	深证中小板专利领先指数	2019 - 09 - 19	17.08%
931011. CSI	中证医药知识型创新主题指数	2019 - 09 - 19	16.95%
399691. SZ	深证创业板专利领先指数	2019 - 09 - 19	12.88%
399427. SZ	国证德高行专利领先指数	2019 - 09 - 19	10.41%
930835. CSI	中证水杉环保专利 50 指数	2019 - 09 - 19	0.75%
884194. WI	IP 流量变现指数	2019 - 09 - 19	- 5.35%

5.1.2 知识产权保险产品

为帮助企业做好知识产权保护工作，降低知识产权风险，保障企业创新发展，各个保险公司开发了一系列知识产权保险产品。本报告中收集整理了44个知识产权保险产品，内容涉及专利代理、专利申请、专利执行、专利运营、专利侵权、著作权确权、著作权交易、商标侵权、地理标志侵权等。如表5-2所示。

表5-2 知识产权金融保险产品

保险分类	产品全称	保险简介/承保范围	发行方
知识产权综合保险	建信财险附加侵犯知识产权责任保险	被保险人因过失、错误或遗漏侵犯他人知识产权而导致的依法应承担的赔偿责任和法律费用	建信财产保险有限公司
	建信财险知识产权无效费用损失保险	在保险合同期内，被保险人作为投保专利的所有人，以及作为无效宣告程序的当事人参与口头审理程序，且因保单所述的理由导致其专利被进行专利无效宣告的，保险人按照保险合同的约定负责赔偿的费用包括：专利代理机构或律师事务所进行无效答辩产生的代理费；对无效决定有异议而提请行政诉讼或者作为第三人参加诉讼涉及的诉讼费、律师代理费	建信财产保险有限公司

续表

保险分类	产品全称	保险简介/承保范围	发行方
专利代理人保险	专利代理人执业责任保险附加保密责任保险	被保险人造成委托人经济损失，依法承担的经济赔偿责任及法律费用	天安财产保险股份有限公司
	专利代理人执业责任保险附加放弃代位求偿权保险		
	专利代理人执业责任保险		中国太平洋财产保险股份有限公司
			天安财产保险股份有限公司
	专利代理人职业责任保险（2018 版）		阳光财产保险股份有限公司
	建信财险专利代理责任保险		建信财产保险有限公司
	专利代理人职业责任保险附加其他知识产权代理责任保险（2018 版）		阳光财产保险股份有限公司
	专利代理人职业责任保险附加保密责任保险（2018 版）		
	专利代理人职业责任保险附加放弃代位求偿权保险（2018 版）		
	专利代理人职业责任保险		中国人民财产保险股份有限公司
专利申请保险	专利申请费用补偿保险	由于非专利瑕疵原因导致被保险人申请的专利事项不能取得国家专利受理机关的专利授权的，对专利申请官费和专利申请代理费进行赔偿	都邦财产保险股份有限公司
			中国太平洋财产保险股份有限公司

续表

保险分类	产品全称	保险简介/承保范围	发行方
专利执行保险	专利执行保险附加专利侵权损失保险	被保险人就受侵犯的专利权提起法律请求所产生的调查费用和法律费用	中国太平洋财产保险股份有限公司
	专利执行保险附加专利侵权成立保险		太平科技保险股份有限公司
	专利执行保险附加专利侵权损失先行垫付保险		
	科技企业专利执行保险		
	专利执行保险附加指定法律服务机构保险		
	专利执行保险附加专利权无效宣告除外保险		
	高新技术企业专利执行保险	被保险人为获得证据在承保范围内发生的合理的调查费用	
	专利执行保险	被保险人就受侵犯的专利权提起法律请求所产生的调查费用和法律费用	中国人民财产保险股份有限公司
			都邦财产保险股份有限公司
			中国人寿财产保险股份有限公司
			中国太平洋财产保险股份有限公司
	平安专利执行保险		中国平安财产保险股份有限公司

保险分类	产品全称	保险简介/承保范围	发行方
专利执行保险	专利执行保险（2013 版）	被保险人就受侵犯的专利权提起法律请求所产生的调查费用和法律费用	阳光财产保险股份有限公司
	专利被侵权损失保险附加证物费用扩展		天安财产保险股份有限公司
	专利被侵权损失保险	被保险人专利权受第三方侵犯所产生的直接经济损失	中国人民财产保险股份有限公司
专利运营保险	专利许可信用保险（1 年期）	因合同相对方破产、不履行债务等事由导致无法回收专利许可交易对价造成的损失	中国人民财产保险股份有限公司
	专利质押融资保证保险（含 1 年期和多年期两款）	通过专利质押贷款而未能按约清偿到期债务的借款本金余额和利息余额	
	知识产权资产评估职业责任保险	知识产权评估机构从事知识产权评估业务时，因过失造成委托人及保单指定的利害关系人的经济损失	
	知识产权质押融资保证保险	在知识产权质押融资业务中，企业未按约定履行还款义务或发生逾期还款，所产生的贷款本金、利息和相应的罚息	
	专利许可信用保险（多年期）	专利许可人履行许可合同时，由于被许可人破产或拖欠引起的专利许可使用费的损失	

保险分类	产品全称	保险简介/承保范围	发行方
专利侵权保险	专利侵权保险（2010 版）	被保险人因非故意实施第三者专利权而依法承担的经济赔偿责任、法律费用及合理提出专利无效宣告申请的抗辩费用	国任财产保险股份有限公司
	建信财险专利权侵权损失保险附加专利执行保险	保险标的主要是侵权损失赔偿责任	建信财产保险有限公司
	高新技术企业专利执行和损失保险（四川地区）	被保险人为获得证据在承保范围内发生的合理的调查费用	中航安盟财产保险有限公司
	建信财险专利权侵权损失保险	保险标的主要是侵权损失赔偿责任	建信财产保险有限公司
	建信财险专利权侵权责任保险	保险标的主要是侵权损害赔偿责任	
	侵犯专利权责任保险	被保险人因非故意实施第三者专利权而依法承担的经济赔偿责任、法律费用及合理提出专利无效宣告申请的抗辩费用	中国人民财产保险股份有限公司
	境外展会专利纠纷法律费用保险	参展境外展会时产生专利侵权纠纷支出的法律费用	
	知识产权海外侵权责任保险	被保险人及受偿方因非故意侵犯第三者知识产权而依法承担的经济赔偿责任、抗辩费用及产品撤回费用	
	专利无忧保险	被保险人专利权受第三方侵犯后，所导致的直接经济损失、调查费用和法律费用	

续表

保险分类	产品全称	保险简介/承保范围	发行方
著作权保险	著作权确权责任保险（2012 版）	对发生的以下两种情形进行保障：其一，著作权的转让方/许可方不享有著作权交易合同约定的著作权；其二，转让方/许可方转让/许可与他人共有的著作权时未经共有人许可	国任财产保险股份有限公司
	著作权确权责任保险（2010 版）		
	著作权交易保证保险（2010 版）	被保险人的版权交易损失以及因涉及侵权诉讼所产生的法律费用	
	著作权交易保证保险（2012 版）		
商标保险	商标被侵权损失保险	被保险人商标权受第三方侵犯后，所导致的直接经济损失、调查费用和法律费用	中国人民财产保险股份有限公司
地理标志保险	地理标志被侵权损失保险	被保险人地理标志受第三方侵犯后，所导致的直接经济损失、调查费用和法律费用	中国人民财产保险股份有限公司

总体来看，除中国人民财产保险股份有限公司外，各大保险公司推出的知识产权保险产品数量均小于 10。中国知识产权保险经过几年来的发展虽然进步明显，但是仍呈现出业务规模有限、企业投保率较低的特点，尚未真正实现规模化、常态化发展。究其原因，主要有三方面。一是企业的知识产权保护意识不强。国内企业的风险管理水平和知识产权维权意识参差不齐，大部分企业尚未真正意识到知识产权风险防范的重要性，认为选择法律诉讼和知识产权保险等手段来规避知识产权风险费时、费事、费钱，知识产权保护意识不强。二是企业投保知识产权保险动力不足。中国知识产权保险市场尚处于发展初期，由于知识产权领域的专业性较强、风险较大，企业"带病投保"情况较多，加上实务操作方面的经验不足，风险评估的成本高且不易操作，因此保险公司在初期开展此类业务时往往通过提高保费等方式设置严格的风险控制措施。而国内多数企业特别是中小企业对于保险的认知度和认可度还不高，通常将保险视为单纯的成本支

出而非风险转移的合理财务安排，出于节约成本的考虑，投保知识产权保险的意愿也较低。三是缺乏国家层面统一的补偿机制、补贴政策，地方支持政策尚需落实。部分地方由于信息渠道不通畅、认知不一致，存在知识产权保险扶持政策不统一、部分地区落实不到位的情况，影响了知识产权保险的进一步推广。

2019 年 4 月，国家知识产权局与中国人民财产保险股份有限公司续签知识产权保险战略合作协议，共同推动完善知识产权保险产品体系，进一步扩大知识产权保险的惠及面。截至 2018 年底，中国人民财产保险股份有限公司知识产权保险累计为近 1 万家企业的超过 1.7 万件专利提供了逾 306 亿元风险保障。中国人民财产保险股份有限公司除了帮助科技型中小企业通过引入保险机制的专利质押方式获得融资外，还尝试通过"险资直投"的方式支持小微企业创新发展，在拓宽企业融资渠道方面进行了有益探索。

5.2 2018 年中国专利质押数据分析

5.2.1 专利质押融资达 885 亿元，专利类型仍以实用新型为主

2018 年，中国专利、商标质押融资总额达到 1,224 亿元，同比增长 12.3%。其中，专利质押融资金额达 885 亿元，同比增长 23%；质押项目 5,408 项，同比增长 29%。[①] i 智库数据显示：2018 年中国专利权质押次数达到 22,789 次（涉及 22,481 件专利），比 2017 年增长 34.85%；涉及质押合同 5,403 笔，与 2017 年相比增长 37.76%，保持了质押合同每年持续增长的态势。如图 5 - 1 所示。

---

① 国家知识产权局. 提升综合运用效益 释放知识产权价值 [EB/OL]. (2019 - 01 - 30) [2019 - 04 - 01]. http：//www.cnipa.gov.cn/mtsd/1135794.htm.

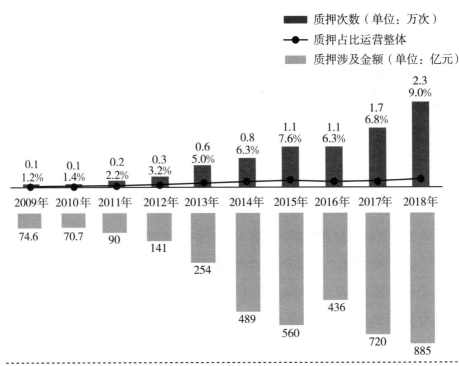

数据来源：质押次数来源于知识产权出版社i智库，质押金额来自国家知识产权局

数据时间：公开（公告）日截止到2018年12月31日

图5-1 中国专利权质押次数变化趋势（2009—2018年）

2015年，国家知识产权局发布《关于进一步推动知识产权金融服务工作的意见》，明确了中国专利质押融资的发展目标："力争到2020年，全国专利权质押融资金额超过1,000亿元，专利保险社会认可度和满意度显著提高，业务开展范围至少覆盖50个中心城市和园区；全国东部地区和中西部地区中心城市的知识产权金融服务实现普遍化、常态化和规模化开展。"在政府的大力引导下，中国知识产权质押融资工作在全国范围内逐步落地生花，各地方在探索实践中不断寻找适宜本地发展特点的融资模式，评估体系日趋完善，金融机构不断推陈出新，多方主体协同发力，知识产权质押融资不断为企业创新注入发展动力。2018年9月，国务院印发《关于推动创新创业高质量发展　打造"双创"升级版的意见》，文件中再次提出"引导金融机构有效服务创新创业融资需求"。知识产权质押融资作为创新创业

金融服务的重要手段和主要途径，其发展势在必行，大有可为。[①]

从2018年专利权质押所涉及的专利类型来看，实用新型专利质押次数为14,528次，占质押总次数的63.8%；发明专利的质押次数为7,410次，占质押总次数的32.5%；外观设计专利质押次数为851次，占质押总次数的3.7%。如图5-2所示。2018年各类型的专利质押次数占比与2017年相比，实用新型专利质押次数占比提升4.3%，发明专利质押次数占比略降3.8%，外观设计专利质押次数占比略降0.5%。近三年的专利运营报告数据显示，实用新型专利质押次数占比基本维持在60%左右，占据专利权质押的主导位置。[②]

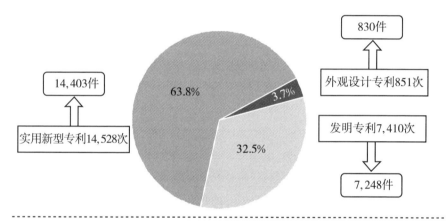

数据来源：知识产权出版社i智库
数据时间：法律状态公告日为2018年1月1日至2018年12月31日

图5-2 2018年专利权质押涉及专利类型及占比

相比于大型企业，中小微企业由于缺乏可抵押的实物资产，对知识产权质押融资的需求表现得更为强烈，其拥有的专利类型以实用新型为主。因此，在中国专利权质押活动中，实用新型专利质押一直占据主导，发明专利实施质押融资的活力有待进一步释放。

---

① 人民网. 知识产权质押融资大有可为 ［EB/OL］.（2018－10－31）［2019－03－28］. http://ip. people. com. cn/n1/2018/1031/c179663－30373460. html.
② 2016年实用新型专利质押次数占比为62.2%，2017年占比为59.5%，2018年占比为63.8%。

从单笔质押合同所涉及的专利类型来看，仅包含发明专利的合同数为 2,131 笔，占质押合同总数的 39.44%；仅包含实用新型专利的合同数为 2,245 笔，占质押合同总数的 41.55%；包含发明和实用新型两种专利类型的合同数占质押合同总数的 15.60%；包含实用新型和外观设计这两种专利类型的合同数占 1.28%；而三种专利类型均涉及的合同数仅占 1.30%；另外仅包含外观设计类型的合同数和包含发明与外观设计这两种专利类型的合同数分别占 0.72% 和 0.11%。总体来看，2018 年专利质押登记合同中所涉及的专利类型以仅包含发明专利或仅包含实用新型专利为主，这两种合同数约占质押合同总数的 80%。如表 5 – 3 所示。

表 5 – 3　2018 年中国专利权质押登记合同所涉及专利类型

单笔质押合同所涉及 专利类型	质押合同数 （笔）	占质押合同 总数比例
发明	2,131	39.44%
实用新型	2,245	41.55%
外观设计	39	0.72%
发明 + 实用新型	843	15.60%
发明 + 外观设计	6	0.11%
实用新型 + 外观设计	69	1.28%
发明 + 实用新型 + 外观设计	70	1.30%

数据来源：知识产权出版社 i 智库

数据时间：法律状态公告日为 2018 年 1 月 1 日至 2018 年 12 月 31 日

从单笔质押合同所涉及的专利数量来看，80.62% 的质押合同仅包含 1—5 件专利，其中仅涉及 1 件专利的质押合同达到 2,098 笔，占质押合同总数的 38.83%；包含 6—10 件专利的质押合同数占总数的 11.96%；包含 11—50 件专利的质押合同数占总数的 6.96%；仅有 25 笔质押合同所包含的专利数量达到 50 件以上，其中包含 51—100 件专利的合同有 18 笔，包含 100—200 件专利的合同有 5 笔，仅有 2 笔质押合同涉及的专利数量突破 200 件。如表 5-4 所示。从现有数据来看，近八成的专利权质押活动所涉及的专利数量较少，专利权属清晰、法律状态稳定、具备一定市场潜力、涉及专利数量少的专利权质押活动在实践中更容易评估，风险性更小。多件专利甚至是专利组合的质押涉及更高的贷款金额，目前专利权质押活动还停留在单件或少量专利的质押阶段，这也从侧面反映出在专利权质押活动中已有的专利价值评估方式适用性不强，多数金融机构基于风险的考量，对专利权质押的积极性不高。

表 5-4 2018 年中国专利权质押登记合同所涉及专利数量

单笔质押合同所涉及专利数量（件）	质押合同数（笔）	占质押合同总数比例
1—5	4,356	80.62%
6—10	646	11.96%
11—50	376	6.96%
51—100	18	0.33%
101—200	5	0.09%
200 以上	2	0.04%

数据来源：知识产权出版社 i 智库

数据时间：法律状态公告日为 2018 年 1 月 1 日至 2018 年 12 月 31 日

5.2.2 广东、浙江、安徽表现活跃，高新技术企业参与程度较高

2016 年，国家知识产权局决定在广州市等 72 个地区和单位开展专利质押融资、专利保险试点示范工作①，试点示范时间自 2016 年 8 月起，为

---

① 国家知识产权局关于在广州市等地区和单位开展专利质押融资及专利保险试点示范工作的通知 [EB/OL]. (2016-08-15) [2019-04-02]. http://www.sipo.gov.cn/ztzl/zlzyrzybx/1109807.htm.

期三年。在国家以及地方政府的大力推动下，各地区开展了知识产权质押融资的积极探索，并形成了符合地方特色的质押模式。广东省广州市积极探索"5311模式"，即由风险补偿基金、保险公司或担保公司、评估机构和合作银行分别按照50%、30%、10%和10%的比例对纯专利权质押贷款产生的贷款本金损失进行风险分担。2018年，广州市专利权质押融资额达25.76亿元，同比增长184%。① 浙江省在知识产权质押融资创新探索中形成了"浙江模式"，根据抵押物、现金流、技术流、评估作用、评估内容、保险作用、市场作用和财政作用的特点，将知识产权质押融资分为1.0到4.0的四个发展阶段，在实现初级阶段后，努力向中级阶段和高级阶段推进②，实现"精准施策"和"精准发力"。江苏省搭建"互联网＋知识产权＋金融"服务平台，开展百亿融资行动计划，鼓励设立专利权质押融资风险补偿金。③ 湖南省在专利权质押融资评估费补贴的基础上，新建"银行＋担保/保险＋评估处置机构＋政府"四方风险共担的知识产权质押融资新模式。④ 四川省引入风险补偿、保证保险新机制，探索"银行贷款＋保险保证＋风险补偿＋财政补贴"的专利权质押融资新模式，其中德阳市形成了国务院推广的"银行贷款＋保险保证＋政府补偿"的专利权质押融资模式。⑤

从省市分布来看，2018年中国专利权质押活跃地区主要是专利权质押融资试点、示范所在地区。根据i智库数据统计，排行前十的省市专利权质押次数占全国专利权质押总次数的80.04%，专利权质押登记合同数量占全国专利权质押登记合同数量的84.75%。从专利权质押次数

① 广州市市场监督管理局.广州市2018年专利质押融资同比增长184%［EB/OL］.（2019－02－03）［2019－04－02］. http://gzbak.gzaic.gov.cn/gzscjgj/zwdt－gzdt/201902/60do44a852d24356a199012710b54132.shtml.
② 浙江模式：从1.0"岸上游泳"到4.0"大海游泳"［J］.今日科技，2018（9）：2—4.
③ 吴珂.知识产权质押融资：引活水 赋新能［N］.中国知识产权报，2019－03－27.
④ 2018年湖南专利权质押融资额23.9亿元［EB/OL］.（2019－01－28）［2019－04－02］. http://www.iprchn.com/Index_ NewsContent.aspx?newsId=113511.
⑤ 四川专利权质押融资新模式"遍地开花"［EB/OL］.（2018－01－08）［2019－04－02］. http://www.sipo.gov.cn/dtxx/1107655.htm.

来看，广东省以 3,398 次的专利权质押次数居全国第一，占全国专利权质押总次数的 14.91%；浙江省紧随其后，专利权质押次数达 2,853 次，占全国专利权质押总次数的 12.52%；安徽省专利权质押次数基本与浙江省持平，共计 2,770 次，占全国专利权质押总次数的 12.15%。如表 5 - 5 所示。从专利权质押登记合同数来看，安徽省 2018 年专利权质押登记合同数为 839 笔，连续两年保持第一，占全国专利权质押登记总数的 15.53%，与 2017 年相比，广东省以 57.71% 的大幅增长跃升至第二位，江苏省以 99.67% 的增幅跻身第三，排名上升三位[①]，专利权质押工作成效显著。如表 5 - 5、图 5 - 3 所示。

表 5 - 5　2018 年中国专利权质押活跃地区排名 TOP10

排名	质权人所在省（市）	专利权质押次数（次）	排名	质权人所在省（市）	质押登记合同数量（笔）
1	广东	3,398	1	安徽	839
2	浙江	2,853	2	广东	634
3	安徽	2,770	3	江苏	611
4	山东	2,091	4	浙江	596
5	江苏	1,696	5	陕西	514
6	北京	1,682	6	山东	511
7	河南	1,071	7	北京	292
8	湖南	990	8	福建	249
9	四川	878	9	湖南	177
10	福建	812	10	四川	156

数据来源：知识产权出版社 i 智库

数据时间：法律状态公告日为 2018 年 1 月 1 日至 2018 年 12 月 31 日

注：地域分布统计以质权人所在地为准

---

① 《中国专利运营年度报告（2017）》显示，2017 年广东省、江苏省质押登记合同数量分别为 402 笔、306 笔。

单位：笔

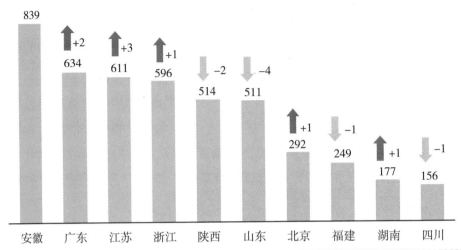

数据来源：知识产权出版社i智库

数据时间：法律状态公告日为2018年1月1日至2018年12月31日

注：地域分布统计以质权人所在地为准

图5-3 2018年中国专利权质押登记合同数量排名变化

从2018年中国专利权质押的地域分布来看，华东地区①的专利权质押次数达10,901次，占全国专利权质押总次数的47.83%，且华东地区有5个进入省份排名前十榜单中，因而区域优势较为明显；华南地区②、华中地区③、华北地区④均列华东地区之后，专利权质押次数分别占全国专利权质押总次数的15.83%、11.07%、10.04%；西南地区⑤、西北地区⑥、东北地区⑦的专利权质押次数较少，分别仅占全国专利权质押总次数的6.48%、5.02%和3.41%。如图5-4所示。

---

① 华东地区：山东、上海、江苏、浙江、江西、安徽、福建、台湾。

② 华南地区：广东、广西、海南、香港、澳门。

③ 华中地区：河南、湖北、湖南。

④ 华北地区：北京、天津、河北、山西、内蒙古。

⑤ 西南地区：四川、贵州、云南、西藏、重庆。

⑥ 西北地区：陕西、甘肃、宁夏、新疆、青海。

⑦ 东北地区：黑龙江、吉林、辽宁。

注：质权人中无法判断地址归属区域的计入"其他"

图 5 – 4　2018 年中国专利权质押地域分布

2018 年中国专利权质押出质人排名中，排名前十的出质人所涉及的质押合同数相差不大，如表 5 – 6 所示。2017 年中国专利权质押出质 TOP10 中有 3 家企业（福建顺昌虹润精密仪器有限公司、福建味家生活用品制造有限公司、陕西昕宇表面工程有限公司）继续出现在 2018 年前十的名单中。2018 年中国专利权质押出质人 TOP10 的企业主要来自机械制造、生物技术、智能家居、环保等行业，其中有 7 家高新技术企业。此外，值得注意的是，西安高新区企业知识产权质押融资表现活跃，在上述 7 家高新技术企业中，邦正科技股份有限公司、陕西昕宇表面工程有限公司、西安万威机械制造股份有限公司 3 家企业均集中在西安高新区。

排名第一的神雾科技集团股份有限公司涉及 7 笔质押合同、553 件专利，与北方国际信托股份有限公司、北京银行股份有限公司安华路支行、南京银行股份有限公司北京分行、天风证券股份有限公司 4 名质权人进行专利权质押。

表 5 - 6　2018 年中国专利质押出质人排名

排名	出质人	质押合同数（笔）	涉及专利数（件）	涉及质权人数量（名）
1	神雾科技集团股份有限公司	7	553	4
2	福建顺昌虹润精密仪器有限公司	6	6	1
2	吉林省装库创意科技股份有限公司	6	6	1
2	山东祥通橡塑集团有限公司	6	12	3
5	邦正科技股份有限公司	5	4	1
5	福建味家生活用品制造有限公司	5	6	2
5	洛阳佳嘉乐农产品开发股份有限公司	5	137	1
5	陕西昕宇表面工程有限公司	5	15	4
5	深圳华大基因科技有限公司	5	15	5
5	天津市炜杰科技有限公司	5	10	3
5	西安海斯夫生物科技有限公司	5	3	2
5	西安万威机械制造股份有限公司	5	5	2
5	中联重科股份有限公司	5	11	1

数据来源：知识产权出版社 i 智库

数据时间：法律状态公告日为 2018 年 1 月 1 日至 2018 年 12 月 31 日

多数企业是与当地银行机构开展知识产权质押融资业务。比如，福建顺昌虹润精密仪器有限公司对应的质权人为中国农业银行股份有限公司顺昌县支行；山东祥通橡塑集团有限公司对应 3 名质权人，分别是中国农业银行股份有限公司济宁分行、中国农业银行股份有限公司济宁高新技术产业开发区支行、中国农业银行股份有限公司济宁兖州支行；福建味家生活用品制造有限公司对应的质权人为兴业银行股份有限公司邵武支行、中国银行股份有限公司邵武支行。

陕西昕宇表面工程有限公司是由原机械部十一院西安表面技术开发工程公司（1992）于 2000 年 12 月 17 日改制而成的，其在 2012 年获得"国家火炬计划重点高新技术企业"证书。根据 i 智库数据统计，2018 年陕西昕宇表面工程有限公司共有 5 笔专利权质押合同，涉及 15 件专利，与陕西省中小企业融资担保有限公司、西安高新新兴产业投资基金合伙企业（有限合伙）、西安航天基地融资担保有限公司、西安投融资担保有限公司 4 名质权人进行专利权质押。

天津市炜杰科技有限公司的第一单专利权质押融资业务发生在 2009 年，将"阿加曲班水合物的制备方法"等 4 件专利权进行质押，获得大连银行天津分行 2,000 万元的贷款①，开启了天津市知识产权质押融资的探索之路。2018 年天津市炜杰科技有限公司与大连银行股份有限公司天津分行、天津银行股份有限公司天马支行等持续开展知识产权质押融资业务。

5.2.3　银行质权人占六成，非银行金融机构发挥重要作用

2018 年中国专利权质押质权人分类如图 5 - 5 所示。2018 年中国专利权质押质权人类型分布中，银行②占 61.65%，非银行金融机构占 33.93%，其他类型占 4.42%，银行作为质权人仍然是专利权质押融资中的首选。2018 年参与专利权质押贷款的银行具体包括政策性银行③、六大

---

① 中国知识产权报. 天津：需求催生业务　专利融资"添财"［EB/OL］.（2013 - 05 - 24）［2019 - 04 - 03］. http://www.iprchn.com/Index_NewsContent.aspx? newsId = 60487.

② 银行包括六大国有商业银行、城市及农村商业银行、12 家全国性股份制商业银行、农村信用合作社/村镇银行、政策性银行。银行作为质权人的模式为直接质押融资模式，即专利权人以其合法、有效的专利权为质押标的物出资，经评估作价后从商业银行取得资金，并按期偿还资金本息的融资模式。

③ 中国三大政策性银行：国家开发银行、中国进出口银行、中国农业发展银行。

国有商业银行①、12 家全国性股份制商业银行②、城市商业银行③、农村商业银行④、农村信用合作社和村镇银行。银行类型质权人中，六大国有商业银行和城市商业银行是最主要的参与者，六大国有商业银行共涉及1,166 笔专利权质押合同，占质押合同总数的 21.58%，占银行类型质押合同数的 35.00%，中国银行股份有限公司、中国建设银行股份有限公司和中国农业银行股份有限公司的质押合同数居前三位；城市商业银行共涉及 1,078 笔专利权质押合同，有 100 多家银行参与，其中南京银行股份有限公司、江苏银行股份有限公司和浙江泰隆商业银行股份有限公司表现突出。非银行金融机构共涉及 1,833 笔专利权质押合同，占质押合同总数的 33.93%，非银行金融机构质权人以担保公司为主，占比高达 90.83%。

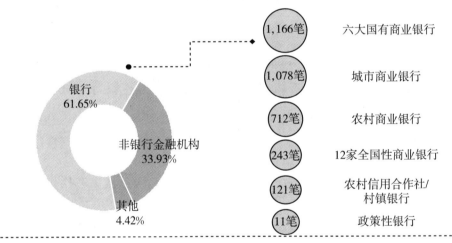

数据来源：知识产权出版社i智库

数据时间：法律状态公告日为2018年1月1日至2018年12月31日

图 5－5　2018 年中国专利权质押质权人分类

① 六大国有商业银行：中国工商银行、中国农业银行、中国银行、中国建设银行、交通银行、中国邮政储蓄银行。

② 12 家全国性股份制商业银行：招商银行、中信银行、中国光大银行、华夏银行、上海浦东发展银行、中国民生银行、广发银行、兴业银行、平安银行、浙商银行、渤海银行、恒丰银行。

③ 20 世纪90 年代中期，中央以城市信用社为基础组建城市商业银行。中国银行保险监督管理委员会数据显示，截至2018 年底，中国共有 134 家城市商业银行。

④ 农村商业银行是由辖内农民、农村工商户、企业法人和其他经济组织共同发起成立的股份制地方性金融机构，中国银行保险监督管理委员会数据显示，截至 2018 年底，国内共有 1,427 家农村商业银行。

2018 年中国专利权质押质权人排名 TOP10 如表 5 - 7 所示，有 8 家银行、2 家担保公司。其中，中国银行股份有限公司、西安创新融资担保有限公司和中国建设银行股份有限公司位列前三，六大国有商业银行中除交通银行股份有限公司外均进入榜单前十。中国银行股份有限公司是 2018 年度参与专利权质押贷款业务最多的银行（以质押合同数计），有 155 家分行（支行）开展专利权质押贷款业务，为 300 多家企业提供资金支持。

表 5 - 7　2018 年中国专利权质押质权人排名 TOP10

排名	质权人	质押合同数（笔）	涉及专利数（件）	质权人类型
1	中国银行股份有限公司	359	1,494	国有大型商业银行
2	西安创新融资担保有限公司	295	286	融资性担保公司
3	中国建设银行股份有限公司	294	1,115	国有大型商业银行
4	中国农业银行股份有限公司	222	1,266	国有大型商业银行
5	中国工商银行股份有限公司	115	492	国有大型商业银行
6	南京银行股份有限公司	109	384	城市商业银行
7	中国邮政储蓄银行股份有限公司	99	368	国有大型商业银行
8	深圳市高新投融资担保有限公司	94	112	融资性担保公司
9	江苏银行股份有限公司	91	150	城市商业银行
10	浙江泰隆商业银行股份有限公司	79	471	城市商业银行

数据来源：知识产权出版社 i 智库。

数据时间：法律状态公告日为 2018 年 1 月 1 日至 2018 年 12 月 31 日。

西安创新融资担保有限公司和深圳市高新投融资担保有限公司在 2018 年专利权质押融资担保业务中表现突出，进入质权人排名 TOP10 榜单，也是非银行金融机构中开展专利权质押业务较多的企业。其中，西安创新融资担保有限公司的质押合同数达到 295 笔，涉及 286 件专利和 208 名出质人。

此外，南京银行股份有限公司也进入 2018 年中国专利质押质权人排名 TOP10 榜单，有 109 笔专利权质押合同，涉及 384 件专利。2018 年，南京市科学技术委员会、南京市财政局联合发布《南京市知识产权质押融资风险补助实施细则（试行）》，对于以知识产权质押融资方式，向申请单位授信并实际发生贷款的驻宁银行，按照贷款额度的 2% 予以风险补助①，这极大地调动了银行参与质押融资工作的积极性。2018 年，南京市共有 632 家企业申请知识产权质押融资，335 家成功获得贷款授信审批，贷款金额达到 11.5 亿元，知识产权质押融资已覆盖南京市全辖区（园区），呈现出常态化、规模化发展态势。②

农村金融机构主要包括农村信用合作社、农村商业银行、农村合作银行、村镇银行、农村资金互助社和贷款公司等。2018 年中国专利权质押质权人农村金融机构排行 TOP10 如表 5 - 8 所示。2018 年农村金融机构的专利权质押合同数达到 833 笔，占全年专利权质押合同总数的 15.42%，是六大国有商业银行专利权质押合同数的 71.44%，是 12 家全国性商业银行专利权质押合同数的 3.4 倍。农村金融机构在中国专利权质押贷款中也开始发挥重要作用，2018 年，200 多家农村金融机构参与专利权质押贷款，惠及 700 多家企业，丰富了中国知识产权金融服务体系。

---

① 南京发布知识产权质押融资风险补助实施细则［EB/OL］.（2018 - 07 - 05）［2019 - 04 - 02］. http：//www. sipo. gov. cn/dtxx/1125877. htm.

② 南京日报. 市委 1 号文充分调动金融机构积极性　知识产权质押融资，南京全省第一［EB/OL］.（2019 - 02 - 14）［2019 - 04 - 03］. http：//www. nanjing. gov. cn/njxx/201902/t20190214_1403600. html.

表5-8　2018年中国专利质押质权人农村金融机构排行 TOP10

排名	农村金融机构	质押合同数（笔）	涉及专利数（件）
1	广东南海农村商业银行股份有限公司	66	470
2	杭州联合农村商业银行股份有限公司	59	114
3	武汉农村商业银行股份有限公司	51	265
4	江苏紫金农村商业银行股份有限公司	25	28
5	浙江长兴农村商业银行股份有限公司	21	81
6	安徽肥西农村商业银行股份有限公司	17	46
7	邹平浦发村镇银行股份有限公司	15	25
8	浙江平湖农村商业银行股份有限公司	15	38
9	浙江瑞安农村商业银行股份有限公司	14	81
10	江苏江南农村商业银行股份有限公司	14	103

数据来源：知识产权出版社 i 智库

数据时间：法律状态公告日为2018年1月1日至2018年12月31日

第6章 知识产权金融投资典型案例

6.1 第一创业－文科租赁一期资产支持专项计划

6.1.1 基本情况

2017 年 9 月，国务院印发《国家技术转移体系建设方案》，提出开展知识产权证券化融资试点。2018 年，由国家知识产权局和中国证券监督管理委员会牵头成立"推动知识产权证券化试点指导工作组"，北京市委宣传部、北京市国有文化资产监督管理办公室、北京市知识产权局和北京市文化投资发展集团有限责任公司等部门共同参加，并邀请深圳证券交易所参与。各方就知识产权证券化工作和产品发行等问题多次召开座谈会，进行深入研究沟通，深圳证券交易所对产品发行给予了大力支持。在各方共同推动下，形成了主管部门、发行审核机构和发行主体之间高效顺畅的协同工作机制，促使"第一创业－文科租赁一期资产支持专项计划"（以下简称文科一期 ABS）成功落地。

2018 年 12 月 14 日，文科一期 ABS 在深圳证券交易所成功获批。2019 年 3 月 28 日，文科一期 ABS 在深圳证券交易所成功发行。该产品以北京市文化科技融资租赁股份有限公司为原始权益人，底层资产租赁标的物全部为专利权、著作权等知识产权，总规模达 7.33 亿元。

6.1.2 产品交易结构

不同于文化科技企业以自有知识产权直接发行 ABS 产品的方式，此次文科一期 ABS 的底层资产是以专利权、著作权为标的物的"知识产权融资租赁"业务。专利权、著作权等知识产权原始权益人将知识产权通过售后回租的融资租赁形式转让给文科租赁公司；文科租赁公司将这部分融资租赁形式的知识产权信贷资产打包为基础资产包，以其对承租人的应收款项发行 ABS。

文科一期 ABS 由第一创业证券承销保荐有限责任公司（以下简称一创投行）担任总协调人和财务顾问，第一创业证券股份有限公司（以下简称第一创业）担任管理人和销售机构，文科租赁公司为原始权益人，其母公司北京文投集团（以下简称文投集团）为差额支付承诺人。文科一期 ABS 的交易结构如图 6-1 所示。

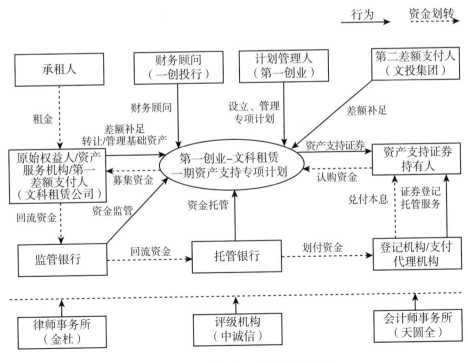

图 6-1 文科一期 ABS 的交易结构

文科租赁公司是国内第一家文化融资租赁公司，在全国首创知识产权融资租赁业务，在银行的无形资产质押信贷之外，为文化科技类企业盘活无形资产开辟了一条崭新的知识产权融资通路。文投集团是北京市属的国有独资公司，是首都文化产业发展重要的投融资平台，现已构建形成文化金融、文化内容、文化渠道、文化贸易、文化功能区和"文化＋"六大业务板块，是全国第一家获得 AAA 主体信用评级的文化投资类企业。这一外部增信有效提升了文科一期 ABS 的信用等级和抗风险能力，中诚信证券评估有限公司（图 6 – 1 中的"中诚信"）对全部优先级证券的评级均为 AAA。

6.1.3　基础资产构成

2018 年 2 月 9 日上海证券交易所发布的《上海证券交易所融资租赁债权资产支持证券挂牌条件确认指南》（以下简称《指南》）中第二章挂牌条件中的第九条提到了租赁物涉及无形资产的情形，确认无形资产可以作为融资租赁债权资产支持证券的租赁物。

文科一期 ABS 的底层资产标的物为专利权、著作权，涉及发明专利、实用新型专利、著作权等 51 项知识产权，覆盖艺术表演、影视制作发行、信息技术、数字出版等文化创意领域的多个细分行业。基础资产是以这些知识产权未来经营现金流为偿债基础形成的应收债权。文科一期 ABS 通过融资租赁模式，将知识产权的收益转移到应收融资款，解决了知识产权因未来收益不稳定不可直接作为证券化基础资产的问题。

6.1.4　资产评估与发行

《指南》第二章挂牌条件中的第九条还提到：租赁物涉及无形资产的，需对入池资产对应租赁物买卖合同及融资租赁合同的商业合理性进行核查，包括但不限于租赁物评估价值、租赁物的可处置性、租赁物买卖合同的交易对价、融资租赁合同的租金确定的依据及合理性等情况。

为确认基础资产池涉及租赁物的商业合理性，文科一期 ABS 聘请有相关资质的评估公司对无形资产价值进行评估，分析评估主体的可靠性和评估方法的合理性，确认评估结果的可靠性。

文科一期 ABS 发行总规模为 7.33 亿元。其中，优先 A1 级 3.1 亿元，收益率达 5.1%；优先 A2 级 2.75 亿元，发行利率为 5.4%；优先 A3 级 1.11 亿元，发行利率为 5.5%。

6.2　广州开发区知识产权证券化工作

6.2.1　基本情况

2019 年 2 月 18 日，中共中央、国务院印发《粤港澳大湾区发展规划纲要》，明确提出"开展知识产权证券化试点"。在国家知识产权局的支持指导下，广州开发区借鉴国内相关经验，结合本区区域特色，联合相关机构设计出以区内科技企业核心专利许可费作为基础资产的知识产权证券化产品"兴业圆融——广州开发区专利许可资产支持计划"。2019 年 9 月 11 日，该产品在深圳证券交易所成功发行，发行规模为 3.01 亿元，成为全国首个纯专利权的知识产权证券化产品。该产品得到市场高度认可，获得中信银行等机构积极认购，最终发行票面利率为 4.00%/年，创下 2019 年 3 年以上期限资产支持证券票面发行利率新低。

6.2.2　产品设计流程

1. 产品交易结构

广州开发区设计的知识产权证券化产品交易结构如图 6 - 2 所示。广州开发区内多家拥有核心专利的企业，将未来能产生现金流的核心专利权独占许可给特殊目的机构，构建专利池；特殊目的机构再将核心专利权反向许可给企业使用，并形成以专利池产生专利权许可费用的现金流；特殊目的机构以专利权许可费用的现金流为支撑，通过证券交易所公开发行企业知识产权的资产支持证券实现融资。

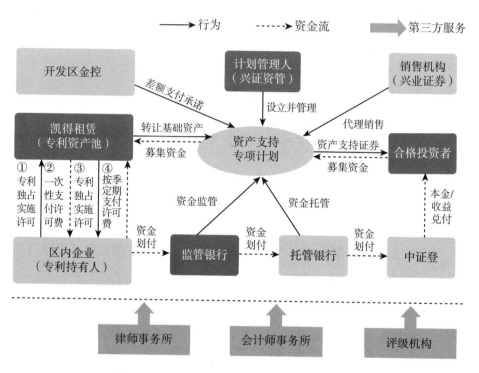

图6-2　广州开发区知识产权证券化产品交易结构

其中，区属国有企业广州开发区金融控股集团有限公司（以下简称开发区金控）下属子公司广州凯得融资租赁有限公司（以下简称凯得租赁）作为特殊目的机构负责组建、运营资产池（专利池）；开发区金控作为差额支付承诺人，提供增信担保；兴业证券股份有限公司（以下简称兴业证券）为服务券商；民生银行广州分行为托管银行；北京市金杜律师事务所、中金浩资产评估有限责任公司提供法律和评估服务。

2. 基础资产选取

从资产证券化的角度来说，选取的资产应较为分散才能在一定程度上规避风险。经走访调研 60 多家区内企业，广州开发区选取了高新兴科技集团公司等 11 家科技企业作为首期知识产权证券化产品的发行主体。这 11 家企业在一定程度上比较分散，满足资产证券化的基本业务要求。11 家企业均是广州开发区的民营中小科技型企业，如威创集团股份有限公司十分重视自主创新，多年来，该企业以超高分数字显示拼接屏系统相关技术为中心，储备了充足的知识产权资产；广州华银医学检验中心有限公司聚焦病理诊断，是一家成长中的高新技术企业。但前期创新投入大、需要大量流动资金等问题仍考验着上述企业的可持续创新能力。

在专利的选择上，考虑到专利具有无形性、不稳定性等风险特征，在参与入池资产筛选的时候，评估师除了从专利价值评估的角度考虑，还会延伸考虑证券化交易中可能涉及知识产权所有权定价、许可使用权定价、许可使用费率定价以及合理市场交易价值、强制快速变现价值等定价因素；从权利稳定性的角度，还需要考虑可能存在的无效、诉讼以及同行业竞争等风险。综合评估后，广州开发区选取了 11 家企业的 140 件专利，包括 103 件发明专利、37 件实用新型专利。

入选的企业专利权持有人将所持有用于自身生产销售的核心发明专利及/或实用新型专利（以下简称专利）以独占实施许可的方式许可给凯得租赁在未来 5 年内独占实施。凯得租赁采用一次总算、一次总付的支付方式向专利持有人一次性支付独占实施许可使用费。凯得租赁获得专利独占实施许可后，再与专利持有人签署专利独占实施许可合同，以独占实施许可的形式再许可给专利持有人，使其可将相关专利继续用于生产商品、市场销售。专利权持有人采用一次总算、分期支付的方式，分 5 年定期向凯得租赁支付许可使用费，并将专利权质押给凯得租赁以保障该许可使用费债权实现，凯得租赁的业务模式如图 6－3 所示。

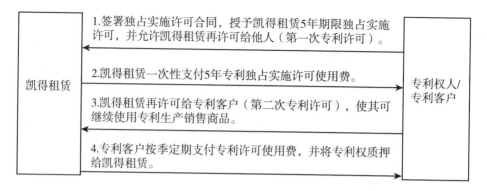

图 6 - 3　凯得租赁的业务模式

3. 取得证券交易所及相关机构的认可

北京市金杜律师事务所对本次证券化产品出具《法律意见书》，认定管理人、销售机构、托管银行、基础资产及转让行为等均符合法律相关规定，符合发行要求，其中认为"基础资产真实、合法、有效，权利归属明确，完整且可特定化"。兴业证券股份有限公司将广州开发区知识产权证券化产品相关申报材料呈报深圳证券交易所进行审核，并通过审核。

6.2.3　取得成效

1. 首次实现纯专利权资产证券化

《粤港澳大湾区发展规划纲要》《关于支持深圳建设中国特色社会主义先行示范区的意见》等文件均提出"知识产权证券化"的任务要求。广州开发区与深圳证券交易所合作发行的全国首个纯专利权的证券产品，是探索知识产权证券化的重大创新成果，为全国知识产权证券化发展提供了可复制、可推广的"广州开发区模式"。

2. 拓宽科技企业融资渠道

产品紧扣科技创新和实体产业，通过该产品融资的华银医学、佳德环保、立达尔生物、中设机器人等 11 家企业均为区内的民营科技企业，且均为实体经济企业。通过该产品，每家企业获得 300 万元至 4500 万元不等的融资款项，且贷款期限为 3—5 年，有效解决了科技企业抵押物不多、融资增信方式不足、贷款期限短等融资难题。

3. 产品债项评级达到 AAA 级

产品由拥有主体信用评级 AAA 的开发区金控提供强担保措施，为知识产权资产证券化创新试点提供了较高的信用保障，将有效地降低投资者风险，使产品在资本市场获得更多认可。同时，针对知识产权的特殊属性，在广州知识产权证券化产品信用事件中根据入池资产价值贬损的主要影响因素设置了相关警戒阈值，能够在风险发生前提前预警，及时启动资产赎回、担保偿付等兑付救济措施。经深圳证券交易所认定，该产品债项评级达到 AAA 级，获批认购倍数达到 2.25 倍，具有较强的风险防控能力。

6.3 四川德阳专利和商标质押融资贷款模式

6.3.1 贷款、保险、财政风险补偿捆绑的专利权质押融资服务新模式

2016 年，四川省德阳市围绕全面创新改革试验区建设，以国家知识产权局将德阳市列入专利权质押融资试点为契机，积极探索以"银行贷款 + 保险保证 + 政府补偿"为特色的专利权质押融资模式，着力破解中小微企业融资瓶颈。[①]

1. 以政策为导向，制度先行

德阳市先后出台了《关于支持开展（科技型）中小微企业专利权质押贷款及其保证保险工作的指导意见》《德阳市专利权质押贷款管理办法（试行）》《德阳市专利权质押贷款风险补偿规程》《德阳市专利权质押贷

---

① 全面创新改革试验百佳案例之二：贷款、保险、财政风险补偿捆绑的专利权质押融资机制 [EB/OL]. （2018 - 10 - 29）[2019 - 12 - 20]. https：//www. ndrc. gov. cn/fggz/cxhgjsfz/201810/t20181029_1159152. html.

款专项补贴规程》《关于推进专利权质押贷款工作通知》等政策，对专利权质押贷款各个环节做出了详细规定和具体说明，首期设立了 500 万元的风险补偿资金和 100 万元的专项补助资金，基本形成政府政策推动、多部门协调配合共同推进的良好格局。

2. 创新体制机制，合力共推

德阳市按照"银行贷款 + 保险保障 + 财政风险补偿"的专利权质押合作模式，通过政府引导，银行、保险、评估、中介服务等机构参与，逐步建立和形成了资产评估、风险控制和服务管理等机制，为专利所有权拥有企业提供中小企业贷款担保和保险。一是建立政府、银行、保险、评估、企业五方合作融资新机制，各司其职，互利共赢。二是政府建立专利权质押风险补偿资金和专项补助资金，对企业贴息、贴费、贴保。对企业按贷款额同期基准利率利息总额的 40% 进行贴息，按保险费和专利价值评估费发生额的 50% 给予贴费。三是创新性引入保险机制，降低信贷风险。建立政府、银行、保险三方风险共担机制，采取先理赔后补偿的原则。即合作银行专利权质押贷款产生的本金损失，包括纯专利权质押贷款以及组合质押贷款中明确属于专利权质押贷款的本金损失部分，减去合作银行和合作保险机构首次风险分担部分后，对不足部分及后续发生的贷款损失，经认定，按 80% 的比例给予补偿。合作保险机构与合作银行的损失分担比例等事项，由合作银行与合作保险机构双方约定。四是建立对合作银行和保险机构的激励机制。以科技型中小微企业专利权质押贷款累计余额的 2%，分别对银行和保险机构给予 1% 的费用奖励补贴。五是市级部门紧密合作，协作共推。

3. 加强协调对接，优化服务

德阳市成立了知识产权金融服务推进组，印制《专利权质押贷款指南》，开展银行—评估—保险—企业对接活动，开展专利权质押融资、专利保险专题培训，发放宣传手册，在各媒体开展专利权质押专题宣传。

从成效来看，"德阳模式"破解了中小微企业的融资瓶颈，受到了国务院的高度关注和认可，被列入第二批支持创新相关改革措施中进行推广。2016年10月至2017年12月，德阳市完成专利权质押融资2.9亿元，涉及企业40余家，质押专利100余件。2019年4月底，四川什邡国正环保科技有限公司凭借一项估值800万元的发明专利，从长城华西银行德阳高新科技支行获得300万元专利权质押贷款。实践证明，"德阳模式"能有效推进知识产权资源和金融资源的有效融合，拓宽中小微企业融资渠道，促进企业发展。

6.3.2 以协商估值、坏账分担为核心的中小企业商标质押贷款模式

为发挥商标这一无形资产的价值和作用，缓解中小企业融资难题，推进融资便利化，激发经济发展活力，德阳市商标管理部门联合市财政局、中国人民银行德阳中心支行，积极探索开展注册商标专用权质押贷款工作，推出了以协商估值、坏账分担为核心的中小企业商标质押贷款模式。该模式有效破解了商标作为无形资产在企业融资担保中存在的准确估值难度大、评估费用高、变现能力弱、较之有形资产抵押风险大等难题，使商标资产在企业融资中的担保作用得以有效发挥。

1. 建立机制，破解企业商标权质押融资难题

德阳市出台《德阳市注册商标专用权质押贷款管理办法》《德阳市注册商标资产价值认定指导意见》和《关于启用商标专用权质押贷款工作相关文书的通知》等配套规章，确立商标专用权价值银企协商、商标质押贷款保险（担保）辅助分担风险、贷款风险管理与控制、商标质押贷款财政专项奖补四项主要工作举措，助力企业解决融资难题。

商标专用权价值银企协商指银行和企业协商，聘请有资质的评估机构进行商标专用权价值评估。商标质押贷款保险（担保）辅助分担风险指银行发放的贷款由借款人仅采用商标专用权质押方式获得，或主要使用商标专用权质押方式，辅以保险机构保险及担保公司的担保。贷款风险管理与控制指商标专用权质押贷款项目采取企业、保险（担保）机构、银行

三方约定风险承担的，银行与保险（担保）机构可根据贷款逾期率、赔付率等设立业务暂停机制。业务暂停期间，银行和保险（担保）机构应暂停注册商标专用权质押贷款及其保证保险或保证担保业务，进行整改。商标质押贷款财政专项奖补指按照"谁受益，谁承担"及属地管理原则，市、县两级财政应将商标专用权质押贷款专项奖补资金纳入年度预算安排，在次年3月31日前企业注册地财政部门负责按《德阳市注册商标专用权质押贷款管理办法》相关规定向银行、保险或担保机构和企业兑现经审核符合规定的商标专用权质押贷款专项奖补资金。涉及市、区两级分享税收的企业，由市财政办理补贴，区级应承担部分纳入年终结算上解。

2. 设立窗口，方便企业办理商标质押登记

2016年6月15日，德阳市成为四川省第一个注册商标专用权质权登记申请受理点（以下简称受理点），改变了以往企业只能到北京办理商标质押登记、办证成本较高的现状，帮助企业极大地节约了财力、人力和时间成本。

德阳市商标管理部门将受理点设立在市政务服务中心，积极推进商标专用权质押登记窗口建设，为全省乃至西南地区的企业与金融机构办理注册商标专用权质押登记提供了便利。截至2018年底，该局共办理商标专用权质押登记21件，企业商标质权融资金额为4.9亿元。

3. 优化流程，提升质押登记效率

德阳市商标管理部门在市政务服务中心实行"专项叫号"，开辟绿色通道，优先服务商标质押融资业务，并在窗口等候区设立办事流程和提交资料宣传牌，供企业和群众查阅。同时，探索建立"异地受理、同步审查、异地发证、集中归档"工作流程，企业只需提供登记申请书、价值评估报告等有关材料，就可领取相应的注册商标专用权质权登记证，办理时间从原来的超过一个月缩短为最快当天办结。2017年9月4日，红原牦牛乳业有限公司与阿坝州农村信用联社股份有限公司在德阳市办理4,900万元商标质押贷款登记，仅用了1个工作日。

4. 加强对接，提升部门联动效能

按照"政府引导、部门服务、银企实施"的工作思路，在加强与德阳市财政局、中国人民银行德阳中心支行工作对接的基础上，德阳市商标管理部门还与四川罗江农村商业银行、中国邮政储蓄银行旌阳区支行、长城华西银行广汉支行、旌阳区农村信用合作联社、四川天府银行德阳分行等合作银行，以及中国人民保险公司德阳分公司、太平洋财产保险公司德阳中心支公司等合作保险公司开展经常性沟通，有效提升了部门的工作联动效能。

6.4 北京国知智慧知识产权股权基金

6.4.1 基金基本情况

1. 成立背景

2015年，北京国知专利预警咨询有限公司（以下简称国知预警公司）获得中央财政1,000万元的股权投资支持。国知预警公司将其中的500万元作为引导资金成立了北京国知智慧知识产权股权基金（以下简称国知智慧基金）。

2. 方案设计

国知智慧基金属于有限合伙制股权投资基金，北京清林华成投资有限公司为基金管理人。基金的期限为5年，经全体投资人一致同意后，可最多延长2年。

基金的专家顾问委员会由高校学者、资深投资家以及行业专家组成，为项目提供专家意见。风险控制委员会由知识产权风控小组、财务专家、法律专家等组成。知识产权风控小组对投资具有一票否决权，可决定项目是否上投资决策委员会会议。投资决策委员会在基金授权范围内作为基金的投资决策机构，以会议形式讨论和决定本基金投资的重大事宜。投资决策委员会由 GP 公司代表、资深技术专家、证券专家和合伙人代表等 5 人组成，基金对外投资项目需获得投资决策委员会 2/3 以上成员同意。

6.4.2 基金的管理与运行

1. 基金募集

基金合伙人共 48 人，其中普通合伙人 1 人，为北京清林华成投资有限公司（也是基金的管理人），承担无限责任；有限合伙人 47 人（含国知预警公司），承担有限责任。其中，国知预警公司出资 500 万元，其余 47 名投资人出资 9,500 万元，基金规模共计 1 亿元。

2. 基金投资

目前投资阶段已经结束，基金主要通过定向增发的方式，投资拟挂牌新三板企业、主板/中小板/创业板市场拟上市企业。在投资阶段，基金接触项目数百项，预立项初步考察项目 50 余项，正式立项考察项目 30 余项，最终投资深圳市布谷鸟科技有限公司、北京九天微星科技发展有限公司等 8 家企业，投资金额累计 9,194.5 万元。投资领域涉及生物塑料、低轨卫星、地理遥感、汽车智能网联化、汽车轻量化、大数据可视化、液晶显示等，均属国家提倡推进的先进技术、节能环保领域。

3. 投资效果

目前基金预期收益良好，所投企业中，北京祝融视觉科技股份有限公司已成功挂牌新三板；北京九天微星科技发展有限公司在 2017 年 10 月荣获第六届中国创新创业大赛总决赛成长组冠军，并于 2019 年 6 月被麻省理工学院的《麻省理工科技评论》评选为全球最"聪明"的 50 家公司，同时有望在 2020 年底登陆科创板；6 家企业已完成或者即将完成下一轮融资；3 家企业计划在 2020 年或者 2021 年冲刺首次公开募股（IPO）；1 家企业已经成功退出，收益 25%。

4. 创新模式

通过国知智慧基金的探索，国知预警公司形成了以政府引导资金带动社会资本投资，以"知识产权尽职调查＋知识产权咨询服务"为核心特色的知识产权股权基金运营模式，提升了已投资项目的无形资产价值，保障投资的知识产权法律风险可控；形成了知识产权尽职调查方法，从技术、法律、市场等角度分析项目的创新水平和投资潜力。作为国内首支国家资金引导的知识产权股权基金，国知智慧基金得到了业界的广泛肯定。

国知智慧基金具有鲜明的知识产权特色，国知预警公司作为知识产权服务机构参与到基金运作的全流程中，包括项目评估、项目决策、投后管理三个阶段。

第一，项目评估阶段。在项目评估阶段，根据现场调研项目情况出具初步知识产权尽职调查报告或详细知识产权尽职调查报告。截至目前，国知预警公司已为基金投资决策提供24份初步知识产权尽职调查报告和17份详细知识产权尽职调查报告。

第二，项目决策阶段。国知预警公司派员加入基金风险控制小组，具有投资决策一票否决权。国知预警公司总经理经国知预警公司办公会讨论形成意见后，代表国知预警公司参加基金投资决策委员会，对项目决策进行投票。

第三，投后管理阶段。国知预警公司对于基金投资的项目配备专门项目人员，持续提供知识产权规划布局和风险预警服务，创造高价值专利以提升已投项目的无形资产价值，提高市场竞争力，最终保障投资的知识产权法律风险可控。与3家被投资企业签订知识产权服务合同，8家被投资企业自投资以来共计新增专利申请188件。此外，国知预警公司还与曾考察调研但未投资的6家企业签订了知识产权服务合同，实现了基金投资与业务拓展的双赢。

6.4.3 基金投资案例

1. 苏州普热斯勒先进成型技术有限公司

苏州普热斯勒先进成型技术有限公司（以下简称普热斯勒公司）是一家汽车热冲压生产线公司，提供汽车白车身中热成型高强钢从生产线到模具到零部件的制造服务，是长城汽车股份有限公司、北京新能源汽车股份有限公司、威马汽车、江铃汽车股份有限公司、众泰汽车股份有限公司等国内自主品牌车厂以及一汽大众汽车有限公司的供应商。热冲压技术是材料学、力学、模具技术、机械开发技术、IT 等综合技术的集成，能够将钢板在高温奥氏体区冲压成型、淬火强化后转化为高强度马氏体钢，保证生产出的高强度钢强度相同但自身重量较轻。目前，在我国汽车行业朝着轻量化、节能化发展的大环境下，热冲压件的市场发展空间巨大。

普热斯勒公司重视技术研发，由国家千人计划获得者作为领头人，研发并生产具有自主知识产权的多层辊底式箱式加热炉生产线，自主设计并研发具有独特冷却水路的热成型模具，推动产品不断更新换代。公司生产线的制造成本仅为进口线成本的 20%—30%，大大降低了热成型零部件生产的固定成本。国知智慧基金进入后，普热斯勒公司根据专利导航的技术创新方向进行专利布局，专利申请快速增长。截至 2019 年 10 月，普热斯勒公司共申请专利 38 件，其中 2018 年申请专利 14 件，2019 年 1—10 月申请专利 18 件。

2. 北京九天微星科技发展有限公司

北京九天微星科技发展有限公司（以下简称九天微星公司）成立于 2015 年 6 月，是一家专注于微小卫星任务设计与创新应用的卫星公司。中国卫星数量全球占比较小，通信卫星更少，没有低轨通信卫星；国家全力发展高轨大卫星，低轨小卫星星座受忽视；国家和国有企业重视卫星研制过程，卫星应用与运营不足。九天微星公司掌握小卫星星座组网核心技术，达到卫星联网的目标。

国知智慧基金进入后，进行了专利挖掘与布局。九天微星公司于 2018 年申请 15 件专利，2019 年 1—10 月申请 7 件专利。此外，为增强公司技术储备和专利实力，2018 年，九天微星公司从南京邮电大学受让 1 件卫星网络技术专利。

6.5　北京市重点产业知识产权运营基金

6.5.1　基金基本情况

2015 年，国家财政部、国家知识产权局联合下发了《关于做好 2015 年以市场化方式促进知识产权运营服务工作的通知》（以下简称《通知》），明确要求"继续以市场化方式开展知识产权运营服务试点工作"，在北京等 10 个省市展开重点产业知识产权运营基金试点工作。根据《通知》的相关要求，北京市知识产权局与北京市财政局向北京市政府提交了《关于报审北京市重点产业知识产权运营基金实施方案的请示》。基金实施方案获得市政府批准后，北京市重点产业知识产权运营基金（以下简称基金）按照"政府引导、市场运作、循环使用、提高绩效"的原则进行投资和运营，当时拟定募集规模为 2 亿元，其中政府投入 6,000 万元（中央资金 4,000 万元、地方配套资金 2,000 万元），吸引社会资本 1.4 亿元。北京市财政局、北京市知识产权局通过公开招标，确认北京亦庄国际投资发展有限公司（以下简称亦庄国投）作为受托管理机构，代表北京市财政局、北京市知识产权局出资发起设立基金并作为政府资金代持机构。亦庄国投派出旗下知识产权运营资本运作专业团队北京屹唐华睿投资管理有限公司（以下简称屹唐华睿）推进基金的募资、筹备及设立工作。

2016 年，基金正式完成工商登记注册，首批基金合伙人有 10 家。资金方面，除中央及市级政府资金以外，基金还吸引了北京市区级财政引导资金加入，实现了中央、市级、区级财政三级资金联动。

2017 年，首批资金到账，随后基金完成资金第三方银行托管工作，在中国证券投资基金业协会进行了产品备案。2017 年第二季度初，基金正式具备资金使用条件。

截至 2019 年 9 月，基金实缴规模约 2.5 亿元人民币，期限 10 年，基金合伙人有 12 家，涉及中央及北京市级财政引导资金 6,000 万元、区级财政引导资金 3,500 万元。

6.5.2 基金的管理与运行

1. 投资方向

按照基金实施方案及相关管理办法的要求，基金投资主要聚焦北京市战略性新兴产业知识产权运营，首期重点关注移动互联网通信技术和生物医药领域，同时优先关注知识产权密集型产业中的重点企业、创新型企业以及知识产权服务类、知识产权运营类平台或机构。

在细分领域方面，对于移动互联网通信，更多地关注新一代显示技术、云计算、存储、人工智能、3D 打印、新型材料、机器人核心零部件、传感器、基础通信技术等偏产业链上游的细分领域；对于生物医药，则更多地关注创新医疗器械、诊断检测技术、高值医疗耗材、3D 打印医疗应用、抗体药、干细胞治疗、基因技术等细分领域。

2. 投资流程

基金按照"政府引导、市场运作"的原则，在项目筛选、分析、投资的过程中参照市场化投资基金的工作流程进行，在项目报批、决策流程中加入"政府引导"的工作机制。主要的投资环节包括以下几个方面。

（1）项目发掘。围绕基金重点投资领域进行项目发掘、筛选、储备。

（2）项目立项。对项目进行立项审评，形成尽职调查计划。

（3）尽职调查及风险评估：从商业、财务、法律、知识产权角度开展尽职调查及风险评估。

（4）向基金主管单位进行项目汇报。与代持机构一同向基金主管单位就项目尽职调查情况、风险关注点、投资方案等进行汇报。

（5）投资决策委员会审议。形成投资建议书，报投资决策委员会决策，取得项目投资决策意见，代持机构在投资决策委员会具有一票否决权。

（6）完成投资。根据投资决策委员会决策意见推进协议签署、资金交割等工作。

3. 投后管理

基金的投后管理主要体现在日常管理与增值服务两个方面。

（1）日常管理。根据基金相关管理制度的要求，完成投后项目定期与不定期走访交流、季度/年度项目信息收集、定期投后管理报告编写、行业发展追踪、兼职或外派人员履职等工作。

（2）增值服务。在市场推广、资本运作、渠道嫁接等多方面为投后项目对接资源，并在专利发展、专利管理、专利运营等多维度为投后项目提供发展指标参考或咨询，推动企业完善专利布局，规避专利风险，强化专利商业化导向，从而推动提升专利质量，增加企业自身价值。

4. 创新模式

基金自成立以来，对知识产权（IP）运营与投资的结合进行了探索式研究，从多角度进行了创新尝试。

（1）建立"智享IP合伙人"机制。通过与知识产权运营链条上核心点位的优质IP服务机构紧密合作，构建"智享IP合伙人"机制，为企业的IP研发、孵化、申报、布局、转化、产业化和资本化等需求提供"一站式"的运营服务平台。截至2019年9月，"智享IP合伙人"机构有10

家，包括上海盛知华知识产权服务有限公司、柳沈律师事务所、北京永新同创知识产权代理有限公司、北京康信知识产权代理有限责任公司、北京墨丘科技有限公司、北京知创大为科技有限公司、国知预警公司、北京中金浩资产评估有限责任公司、北京恒冠国际科技服务有限公司、北京三聚阳光知识产权服务有限公司。

（2）建立战略合作伙伴关系。以业内知名企业或区域性知名产业园区为载体，对 IP 运营等进行推广，普及知识产权思维，提高企业对 IP 运营的重视，同时以此为渠道，挖掘高质量 IP，尝试对 IP 资源进行整合。截至 2019 年 9 月，建立战略合作关系的机构有 6 家，包括中关村国家自主创新示范区大兴生物医药产业基地、华夏幸福创新（北京）企业管理有限公司、征图三维（北京）激光技术有限公司、北京极客星辰科技有限公司、北京搜宝创展科技孵化器、Cocoon Networks Limited Company（科控欧洲）。

（3）推出 IP 集成化服务体系。以 IP 为核心切入点，结合战略发展规划、资本运作计划等，为包括政府、机构、企业在内的客户提供有针对性的、差异化的、集成化的 IP 专享服务，包括 IP 尽职调查、IP 行业研究、IP 战略规划、IP 事务咨询、IP 管理体系辅导服务等。同时，通过客户的"市场前沿化"反馈，进一步探讨、摸索基金在知识产权运营方面的新模式、新渠道。

（4）承办 IP 活动、参与 IP 公益。基金自成立以来，承办、协办 IP 运营讲座和路演活动 10 余场，参与项目路演等活动 20 余场，在其中 50% 的项目路演活动中担任点评人。同时，基金不定期在北京市内各园区、平台机构开展 IP 公益性活动，推动 IP 思维普及与免费 IP 咨询，辐射企业超过 200 家，重点对 100 多家企业的 IP 现状进行了梳理分析，其中还进一步对超过 10% 的企业进行了详尽的 IP 尽职调查并形成了 IP 尽职调查报告。

6.5.3 基金投资案例

1. 投资概况

基金自成立以来，累计接触项目超过 600 项。项目行业领域方面，生物医药领域项目占比超过 50%，移动互联网通信领域项目占比约 40%，其他项目涉及知识产权服务领域、子基金、资产包项目。从行业地域分布来看，北京区域项目占比约 75%，其他地区项目占比约 25%。投资进度方面，基金累计签约投资金额超过 1.1 亿元，完成交割投资金额超过 9,000 万元。

2. 代表性投资案例

北京大清生物技术股份有限公司（以下简称大清生物）主营生物外科耗材、骨科耗材、口腔科耗材等，产品管线丰富，已取得多项三类医疗器械注册证，在生物材料领域处于国内领先地位，尤其在同种异体骨、同种异体跟腱方面属于业内领跑企业。

基金投资该公司，主要看重其在知识产权方面拥有的明显优势。大清生物已拥有专利近百件，其中发明专利占比超过一半，同时其已开始实施国际专利布局。大清生物未来重点布局的细分领域市场进口替代趋势明确，是医疗耗材领域增速最快的细分市场之一，前景广阔，具有良好的成长性，基金将助力大清生物力争成为国内自主技术创新实现进口替代的标杆。此外，基金主要从两方面助力大清生物知识产权发展：一是协助大清生物规范知识产权管理，推动落实知识产权贯标工作的完成，为其对接高质量专利服务机构，向公司管理层就专利布局的意义、价值、关键点进行宣贯，提升企业知识产权管理意识；二是助力提升大清生物知识产权专业能力，参与大清生物研发环节，研讨专利风险及布局机会，协助大清生物形成专利布局策略及专利对抗策略，通过协议约定及投后监督的方式推动大清生物在高价值产品上形成专利组合。

6.6 中知厚德知识产权投资管理（天津）有限公司

6.6.1 公司基本情况

中知厚德知识产权投资管理（天津）有限公司（以下简称中知厚德）是由知识产权出版社有限责任公司、天津市知识产权局及天津市东丽区政府联合成立的一家以知识产权投资运营为核心业务的专业机构。中知厚德成立初期名称为中知厚德知识产权运营管理（天津）有限公司。为更好地开展知识产权投资运营和知识产权运营基金管理业务，2016 年，中知厚德经天津市东丽区发展和改革委员会批准，更名为中知厚德知识产权投资管理（天津）有限公司。

6.6.2 基金的管理与运行

1. 中知厚德参股上创普盛

中知厚德与基金管理公司上创普盛（天津）创业投资管理有限公司（以下简称上创普盛）达成战略合作，通过参股上创普盛的方式来发挥中知厚德在知识产权投资运营方面的优势，双方共同管理包括天使基金、创投基金和产业基金在内的多支基金。通过知识产权大数据发掘优质项目；通过知识产权运营服务提升投资项目的市值，助力其快速成长。

2. 中知厚德参股普银天使基金

中知厚德出资参股普银天使基金（天津普银天使创业投资有限公司），并参与基金管理工作。普银天使基金由上创普盛发起成立，由中知厚德与上创普盛共同管理，基金规模达 4,000 万元。基金定位于初创期项目，特别是有良好市场前景和盈利空间的细分行业黑马企业，以及有潜在爆发力的初创期企业。基金以股权投资的方式对包括智能设备、先进制造、

新材料、大健康、信息技术等领域的项目进行投资。普银天使基金于
2017 年 6 月 20 日设立,已先后投资 11 家公司,共计 12 个项目,总投资
额为 2,250 万元。其中,投资项目中的鸿纳米拟于纳斯达克挂牌上市。

3. 中知厚德参股普银创投基金

中知厚德出资参股普银创投基金(天津普银创业投资合伙企业),并
参与基金管理工作。普银创投基金由上创普盛发起成立,由中知厚德与上
创普盛共同管理,基金规模达 1.3 亿元。基金定位于高成长、高科技项
目,特别是有良好市场前景、较大盈利空间、细分行业领袖、符合国家新
兴产业规划支持的企业。基金同样以股权投资的方式对包括智能设备、先
进制造、新材料、大健康、信息技术等领域的项目进行投资。该基金于
2017 年 10 月 23 日获得天津市科学技术委员会批准并得到天津市创业投资
引导基金的参股支持。

4. 中知厚德发起成立天津市首支知识产权运营基金

中知创富基金作为天津市首支知识产权运营基金由中知厚德发起设
立,基金规模达 1 亿元,主要投资方向为高端智能制造、电子信息、节能
环保、新材料、新能源产业专利池的培育和运营,知识产权重大涉外纠纷
应对和防御性收购,涉及专利的国际标准制定等。该基金于 2017 年 10 月
23 日获得天津市科学技术委员会批准并得到天津市创业投资引导基金和
东丽区配套资金的参股支持。

6.6.3 投资案例

1. 中科劲点项目投资

中科劲点(北京)科技有限公司(以下简称中科劲点)是依托中国
科学院计算技术研究所定位团队成立的初创互联网公司,团队核心成员均
来自该研究所。从 2004 年开始,团队秉承该研究所的一贯科研作风,接
轨国际前沿,在国内率先开展了基于室内无线信号场精准定位的研究工
作。先后申请并获得 3 个国家自然科学基金项目,1 个国家高技术研究发

展计划项目，从波传播理论、机器学习模型的角度研究了各种实际环境中的精确定位技术与系统。团队在 Wi-Fi 定位方面取得系列研究成果，包括申请国家发明专利 10 余件，获得软件著作权 3 件，发表研究性论文百余篇。团队曾获得 2007 年国际 Wi-Fi 定位竞赛第二名。

基金投资入股该公司后，运营团队为其启动知识产权挖掘布局、预警分析等全方位的知识产权服务。针对其核心技术开展高价值专利培育工作，首批布局专利 8 件、软件著作权 1 件、商标多件，为其核心技术构建了较为完善的知识产权保护体系，快速提升了公司无形资产的价值，实现了公司资产价值的倍增。在此基础上，运营团队还为其提供金融投资的资源对接、融资规划等咨询服务，并成功引入四维图新等产业投资者的战略投资和知名风投机构 PNP 的风险投资，为其在后期市场拓展、产业资源对接方面提供了强有力的支持。

在专业知识产权运营服务及资本助力下，中科劲点发展势头良好，市场份额快速增长，其产品已广泛应用于商场、停车场、车站、博物馆、展览馆、展会等生活和商业场景，如万达广场、居然之家、金源新燕莎 Mall、北京西站等，并与高德、华为、万达、四维图新、中国科学院、长虹等多家企业和科研院所展开业务合作。

随着中科劲点的发展，中知厚德于 2018 年用其管理的普银天使基金以 3,500 万元估值再次投资该公司。经过 3 年持续的高价值专利培育及运营，中科劲点市值快速提升，由 2015 年的 500 万元，提升至 2018 年的 3,500 万元。2019 年，中科劲点最新一轮估值已经上升至 1 亿元。

2. 英鸿纳米项目投资

英鸿纳米科技股份有限公司（以下简称英鸿纳米）是国内从事纳米技术研发及产业化应用的专业团队，由崔建中博士聚合一批纳米技术专家共同组建而成。技术团队在纳米纤维技术领域潜心研发十多年，掌握具有自主知识产权的国际领先技术，是目前国内少数可实现纳米纤维批量生产的高科技企业。

中知厚德团队通过专利大数据分析发现英鸿纳米项目及主要发明人崔建中博士。中知厚德团队联合上创普盛团队对英鸿纳米项目进行技术尽职调查，从知识产权、技术、市场等维度发掘项目价值，并以普银创投基金投资该项目，为其提供资金支持，助力其产品快速产业化。与此同时，中知厚德团队为其提供知识产权服务，从企业整体发展定位分析入手，结合行业整体发展环境和企业发展实际情况，明确企业重点发展的产品及其市场策略，围绕纳米纤维材料关键技术构建一批高价值专利组合，帮助企业规避侵权风险，快速提高无形资产价值。截至 2019 年 9 月，英鸿纳米已经围绕纳米纤维材料、制作工艺、生产设备、应用产品等维度布局 84 件专利，其中 18 件专利已获得授权。

随着纳米技术的持续研发，英鸿纳米在人工智能、纳米芯片、纳米闪充电池、碳纤维等尖端领域不断突破，已掌握多项先进科技成果，正在国内开启全方位的纳米技术产业化道路。

资产管理篇

第7章 知识产权资产评估体系

7.1 知识产权资产评估规则体系逐渐完善

知识产权资产评估主要包括四个层次的规则体系：第一层次为资产评估基本准则；第二层次为资产评估具体准则，即职业道德准则和职业准则，这一层次又可分为程序性准则和专业性准则两个部分；第三层次为资产评估指南；第四层次为资产评估指导意见。如图 7 - 1 所示。

2006 年，中国启动了资产评估法的起草工作。2016 年 7 月，《中华人民共和国资产评估法》正式出台，并于 2016 年 12 月 1 日起正式实施，为整个行业的规范发展起到了重要的指导作用。

2008 年 11 月，中国资产评估协会发布了《资产评估准则——无形资产》，并于 2017 年 9 月进行修订，成为我国知识产权资产评估的重要规则。修订后的《资产评估执业准则——无形资产》规定："可辨认无形资产包括专利权、商标权、著作权、专有技术、销售网络、客户关系、特许经营权、合同权益、域名等。不可辨认无形资产是指商誉。"

2017 年 9 月，中国资产评估协会发布新的《知识产权资产评估指南》（以下简称《评估指南》），同时将 2015 年 12 月发布的《关于印发〈知识产权资产评估指南〉的通知》废止。在《评估指南》中，将知识产权的资产评估定义为资产评估机构及其资产评估专业人员遵守法律、行政法规和资产评估准则，根据委托对评估基准日特定目的下的知识产权资产价值进行评定和估算，并出具资产评估报告的专业服务行为。根据评估

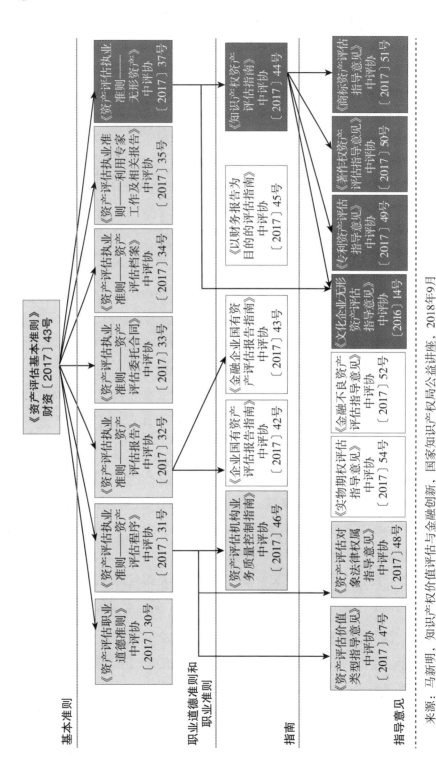

图7-1 知识产权资产评估体系

来源：马新明，知识产权价值评估与金融创新，国家知识产权局公益讲座，2018年9月

目的的不同，将知识产权资产评估分为：①以转让或许可使用为主要目的的知识产权资产评估；②以出资为目的的知识产权资产评估；③以质押为目的的知识产权资产评估；④以诉讼为目的的知识产权资产评估；⑤以财务报告为目的的知识产权资产评估。《评估指南》还针对不同类型的知识产权，提出了资产评估环节的关注重点，如表7-1所示。

表7-1　不同类型知识产权资产评估关注重点

知识产权类型	知识产权资产评估关注重点
专利	执行专利资产评估业务，应当明确专利资产的权利属性 •评估对象为专利所有权的，应当关注专利权是否已经许可他人使用以及使用权的具体形式，并关注其对专利所有权价值的影响 •评估对象为专利使用权的，应当明确专利使用权的许可形式、许可内容及许可期限
商标	•评估对象为商标专用权的，应当关注商标是否已经许可他人使用以及具体许可形式 •评估对象为商标许可权的，应当明确该权利的具体许可形式、内容和期限
著作权	执行著作权资产评估业务，应当明确著作权资产的权利形式 •当评估对象为著作权许可使用权时，应当明确具体许可形式、内容和期限 •执行著作权资产评估业务，还应当关注原创著作权和衍生著作权之间的权利关系以及著作权与有关权利之间的关系
商业秘密	执行商业秘密资产评估业务，应当关注商业秘密的保密级别、保密期限、应用范围等，同时应当考虑权利人对商业秘密采取的保护措施，如竞业禁止协议等对商业秘密价值的影响
集成电路布图设计	在执行集成电路布图设计资产评估业务时，应当关注是否存在反向工程、强制许可、独立创作的相同设计等情况，并考虑其对评估结论的影响
植物新品种	执行植物新品种资产评估业务，应当关注植物新品种是否已经由相关部门审定，以及审定对植物新品种应用范围的限制

2017 年，中国资产评估协会先后发布《专利资产评估指导意见》《著作权资产评估指导意见》和《商标资产评估指导意见》。三个意见成为指导中国知识产权资产评估的重要规则。

《专利资产评估指导意见》规定，专利资产评估业务的评估对象是指专利资产权益，包括专利所有权和专利使用权。专利使用权的具体形式包括专利权独占许可、独家许可、普通许可和其他许可形式。在专利资产评估中应了解专利资产的基本状况，包括：①专利名称；②专利类别；③专利申请的国别或者地区；④专利申请号或者专利号；⑤专利的法律状态；⑥专利申请日；⑦专利授权日；⑧专利权利要求书所记载的权利要求；⑨专利使用权利。《著作权资产评估指导意见》规定，著作权资产评估对象是指著作权中的财产权益以及与著作权有关权利的财产权益。著作权资产的财产权利形式包括著作权人享有的权利和转让或者许可他人使用的权利。许可使用形式包括法定许可和授权许可，授权许可形式又包括专有许可、非专有许可和其他形式许可等。《商标资产评估指导意见》规定，商标资产评估对象是指受法律保护的注册商标权益。

7.2 知识产权资产评估方法多元发展

在学术界和实务界的共同努力下，知识产权资产评估体系逐渐完善。国外知识产权价值评估的主要方法是成本法、收益法和市场法这三种传统方法。例如 Sam 等（2001）[①] 在对知识产权价值评估方法进行研究时，就结合 6 个因素的指标影响，提出评估方法可采用成本法、收益法和市场

[①] Khoury. S, Daniele J, Germeraad P. Selection and Application of Intellectual Property Valuation Methods in Portfolio Management and Value Extraction [J]. *Managing Intellectual Property*, 2001, 6（3）: 77 –86.

法。在三种传统方法的基础上，也衍生出了一些新的评估方法，例如层次分析法、综合加权法、二叉树期权法、实物期权法等。实物期权法是目前应用比较多的方法，Deger（2009）[①] 提出用实物期权法来解决专利资产的价值评估，结合专利权的期权特征，以实物期权法的基本理论为基础，构建了实物期权模型。Fischer 等（2014）[②] 通过专利拍卖数据，构建了知识产权价值评估的全模型。国外用于实物期权价值评估的方法主要包括 B-S模型、二叉树模型、蒙特卡洛模拟法。

国内学者的研究与国外较为相似。范晓波（2006）[③] 对知识产权价值的评估方法和适用条件做了比较研究，并结合经济环境、法律背景、市场环境等因素，发现市场法、收益法和成本法是知识产权价值决定的主流方法。李清海等（2007）[④] 在三种传统方法的基础上，构建了专利价值指标的层次结构，使得对专利价值评估的因果和相关关系的了解更加准确。陈洁（2010）[⑤] 和李钊（2013）[⑥] 等学者对指标体系权重设计方法、专家评分等内容进行了深入研究。颉茂华等（2014）[⑦] 提出用二叉树期权法对知识产权价值进行评估。

尽管随着金融创新和应用数学、计算机、统计学等学科交叉融合，出现了实物期权等新的评估方法，但是现行市价法、重置成本法、收益现值法依然是知识产权价值评估中最基本的方法。根据 2017 年 9 月修订后的

---

① Deger A. Patent Valuation and Real Options［J］. *Business and Economics Research Journal*，2009，2（1）：153-154.

② Fischer T, Leidinger J. Testing Patent Value Indicators on Directly Observed Patent Value：An Empirical Analysis of Ocean Tomo Patent Auctions［J］. *Research Policy*，2014，43（3）：519-529.

③ 范晓波. 知识产权价值决定：以经济学价值理论为视角的考察［J］. 电子知识产权，2006（10）：20-24.

④ 李清海，刘洋，吴泗宗，等. 专利价值评价指标概述及层次分析［J］. 科学学研究，2007，25（2）281—286.

⑤ 陈洁. 国家知识产权竞争力评价指标体系研究［J］. 商业经济研究，2010（1）：66—67.

⑥ 李钊. 基于层次分析法的企业专利评价体系［J］. 中外企业家，2013（20）：1—3.

⑦ 颉茂华，焦守滨. 二叉树实物期权的知识产权价值评估定价研究［J］. 中国资产评估，2014（4）：20—24.

《资产评估执业准则——无形资产》，知识产权资产评估中通常采用的方法有重置成本法、现行市价法和收益现值法。

7.2.1 重置成本法

重置成本法是指在评估知识产权时，按照被评估知识产权的现实重置成本扣减知识产权的各种可能贬值因素来衡量知识产权价值的方法。可能的贬值包括功能性、经济性和实体性贬值。其中功能性贬值指由于技术的不断进步，技术产品更新换代导致知识产权功能落后而损失的知识产权价值；经济性贬值指由于社会经济环境的变化致使知识产权的获利能力下降而损失的知识产权价值；实体性贬值是根据法律文件及合同协议规定的知识产权失效年限确定其时效性的陈旧贬值。[①]

重置成本又分为复原重置成本和更新重置成本。复原重置成本是指创造（或购买）目标知识产权的精确复制品，按照现行市场条件下重新支付的全部费用的货币总额。更新重置成本是指再创造与目标知识产权效用相同的无形资产，按照现行市场条件下重新支付的全部费用的货币总额。

重置成本法的前提条件有两个。一是相关的历史资料可以获取。重置成本法是以历史资料为基础的，许多指标和信息都需要通过收集和分析历史资料来获取。利用重置成本法评估知识产权的价值时，需要分析测算其材料成本、人工成本、间接成本、开发商利润及创新报酬等费用。同时，现时知识产权与历史知识产权应具有一定的同质性或可比性。二是形成知识产权价值的耗费是必需的。耗费是形成资产价值的基础，但耗费包括有效耗费和无效耗费。运用重置成本法评估知识产权的前提是需要确定这些耗费是必需的而且可以体现行业或社会的平均水平。

---

① 周正柱，朱可超. 知识产权价值评估研究最新进展与述评［J］. 现代情报，2015，35（10）：174—177.

重置成本法强调财产的效用特征，如果财产的组成部分相对较新，或者合理反映了目标财产的最大、最佳效用，可采取该途径。当成本资料可得时，重置成本法的评估结果具有一定的客观性。但事实上，重置成本法在进行知识产权价值评估时还具有一定的局限性：由于知识产权的成本具有不完整性、虚拟性和弱相对性等特性，一项知识产权的出现带有较大的偶然性、随机性和关联性。郑成思认为："将有形物（无论动产或不动产）评估中的'重置成本'等传统原则应用于知识产权评估，是我国目前评估中出现各种问题的主要原因。"①

7.2.2 现行市价法

现行市价法又叫市场法或价格比较法，是指通过比较被评估知识产权与可比类似知识产权的异同，并对类似知识产权的市场价格进行调整，从而确定被评估知识产权价值的一种资产评估方法。现行市价法要求充分利用类似知识产权的成交价格信息，并以此为基础判断和估测被评估知识产权的价值。

为了得到较为公正、客观、准确的知识产权价值结果，采用现行市价法时应具备三个前提条件：一是要有公开活跃的知识产权交易市场；二是公开市场要有可比的资产及其交易活动，且相关比较的技术参数、指标等资料是可以收集到的；三是要有经验丰富的且专业的进行技术参数对比的知识产权评估人员。

采用现行市价法的关键是要找到与被评估知识产权可比较的参照物，但由于知识产权的自身特点以及市场环境和信息条件的限制，在市场上很难找到与被评估知识产权类似的交易情况，造成了评估困难。因此在实践中采用现行市价法时，需要对评估的相关技术参数进行调整，参数调整的科学性成为评估的关键。

---

① 郑成思. 论知识产权的评估 [J]. 法律科学：西北政法学院学报，1998 (1)：44—52.

由于较为严苛的应用前提条件，以及评估参照物选取的局限性，徐虼（2014）[①] 认为，资产市场相对比较成熟和完善的国家或地区具备运用现行市价法的条件，在资产市场尚不发达的国家（如中国）或地区，运用现行市价法来评估知识产权价值难以实施。

7.2.3　收益现值法

收益现值法是指基于预期原则及效用原则，首先估算被评估知识产权在其经济寿命周期内每年或每期可产生的预期收益，并将这些收益折算成现值，进而确定被评估知识产权价值的一种方法。采用收益现值法评估知识产权质押价值，应当包括如下条件。

（1）被评估的知识产权必须具备能够获得预期收益的能力，并且这种预期收益可以以货币的形式被具体地表示出来。

（2）在预期收益期间内，被评估的知识产权存在的各种风险可以具体化，即这种风险可以以货币的形式被具体地表示出来。

（3）在评估知识产权质押价值时，所使用的统计资料中相关的金额、比率，其统计口径相匹配。[②]

收益现值法主要关注知识产权在寿命周期内产生收益的能力，其基本公式可以表述为评估价值 $V = \sum_{i=1}^{n} \dfrac{R_i}{(1+r)^i}$。其中，$R_i$ 表示第 i 年的净现金流量；r 为适用的折现率；n 为折现年限。

采用收益现值法对知识产权价值进行评估主要依赖于以下三个参数的估计：未来收益的净现金流量、折现率以及折现年限。对于这三个参数的估计体现了收益现值法的局限性。首先，对于知识产权寿命内的每年产生的收益预期值估算存在难度，未来收益额受多种因素影响和制约，估计过

---

① 徐虼. 价值流转中的知识产权评估研究 [J]. 知识产权，2014 (6)：69—73.
② 王红兰. 知识产权质押价值评估方法研究 [D]. 西安：长安大学，2011.

程中存在较强的主观性；其次，选取合适的折现率指标存在难度，折现率指标是对未来风险及不确定性的估算和预言变成单一数字后的聚集体[①]，会受到宏观经济以及行业整体发展状况的影响，在宏观经济下行、行业面临风险大时，折现率的估算难度将提升；最后，折现年限的估计一方面受制于知识产权的寿命，另一方面还与潜在技术的市场应用状况存在很大关系，因此也较难估计。

从知识产权价值评估行业实践来看，收益现值法体现了将知识产权的获利能力量化为预期收益，体现了知识产权商业化和产业化能力，该方法较重置成本法和现行市价法适用性更强，也更被需求方所接受，是目前市场上采用的主流方法。

7.3 专利价值分析指标和工具不断创新

专利价值分析是通过对专利的法律稳定性、技术成熟度以及潜在市场规模等方面进行分析，重点对面临实施的专利进行系统化分析，让投资人可以根据专利价值分析报告做出合理判断和决策，专利权人也可据此对将用于出资、转让、许可的专利价值做出合理判断，有利于市场双方形成对价及合作基础。同时专利价值分析作为专利运营的基础性环节，在专利的交易、许可、转让、融资、出资、实施及分级分类管理等方面将发挥重要支撑作用。专利价值评估指标体系是指一套能够反映所评价专利价值的总体特征，并且具有内在联系、起互补作用的指标群体，它们是专利在交易中的内在价值的客观反映。

---

① 戈登·史密斯，罗素·帕尔. 知识产权价值评估、开发与侵权赔偿［M］. 夏玮，周叔敏，杨蓬，等译. 北京：电子工业出版社，2012：40.

7.3.1 国外专利价值评价情况

20 世纪 40 年代，发达国家开始对包括专利在内的科技成果进行科技统计和指标研究，包括科技论文的统计和专利的统计。这些统计经历了如下发展：20 世纪 60 年代末期，引入专利、技术收支平衡等指标；20 世纪 70 年代至 80 年代，引入对高技术产品、专利、论文和创新活动的调查；20 世纪 90 年代，增加了诸多新的指标，如科技投入矩阵，来帮助衡量专利产品在技术创新过程中的作用。

在专利价值评价方面，美国知识产权咨询公司 CHI 首创推出了"专利记分牌"，分析世界各大公司在美国的专利竞争态势，获得广泛的认可。美国 Ocean Tomo 公司的 Patent rating 系统也是颇受认可的专利价值评价系统。此外，还有思保环球（CPA Global）的专利分析与检索软件 Innography，以及欧洲专利局专利价值评价软件——IPscore 也值得关注。

1. CHI 专利记分牌

CHI 专利评估指标方法共提供了 6 个指标，包括技术强度、产业影响力、专利授权量、科学强度、研究强度和创新循环周期。该指标方法主要用于评价公司或国家和地区的知识产权综合实力，并且该指标体系可以作为评价公司无形资产价值的基础，奠定了数量经济学评价方法的基石。在 CHI 专利评估指标的基础上，国外研究者对专利价值影响因素及作用机理进行了大量研究。2000 年起，《企业技术评论》杂志根据 CHI 的数据库和研究成果，每年发表一次名称为"专利记分牌"的统计结果，用技术实力（综合指标）及专利数量、当前影响指数、科学联系、技术生命周期 5 项指标分别为在美国专利申请量排名前 150 的公司按 8 个高新技术领域排定名次，以此清晰地分析世界各大公司在美国知识产权市场的竞争态势。

2. Ocean Tomo Patent rating 系统

Ocean Tomo 公司的 Patent rating 系统是基于回归统计思想的量化专利

评价系统。该系统的主要评价思路为，以现有的专利价值信息为基础，与引用率等专利量化指标进行统计回归分析得出动态模型，并根据模型进一步预测未来的专利价值走向。根据这一思路，评价系统主要分为保护范围、稳定性和商业关联性 3 个维度，涉及 50 余项具体指标。其指标类型既包括美国专利总量变化趋势、平均存活期等宏观专利指标，又包括专利申请日、优先权日、引用率、同族专利件数等专利自身指标，还包括专利收入变化、专利衰退率、新旧专利迭代等企业相关指标。

3. Dialog 专利质量评价系统 Innography[①]

Innography 系统是 Dialog 推出的以挖掘核心专利、进行专利质量评价为标准的知识产权产品。该系统将专利、商业、诉讼等各方面信息结合在一起形成结构化分析方案，以可视化图表形式直观地呈现。系统包括两种分析方法：专利强度分析和相似专利分析。专利强度（Patent Strength）是 Innography 系统独有的专利评价新指标，是来自加州大学伯克利分校及乔治梅森大学的最新研究成果。专利强度分析参考了十余个专利价值的相关指标，包括专利权利要求数量、引用先前技术文献数量、专利被引用次数、专利及专利申请案的家族、专利申请时程、专利年龄、专利诉讼、其他指标。专利强度分析可以帮助用户从海量的专利数据中筛选出核心专利，将注意力集中到高价值的文献领域，是专利文献利用的前沿方向；专利相似度（Patent Similarity）分析是利用国际统一的专利文献分类系统（IPC）和专利引文数据，通过相似度算法，生成专利相似度指标，帮助用户快速查找相似专利。

4. 欧洲专利局 IPscore

IPscore 软件最初由丹麦专利局与哥本哈根商学院合作研发，用于评估专利或技术项目的价值，因其使用相对简便并且结果参考性较强，被欧洲公司尤其是中小企业广泛使用，随后该软件成为欧洲专利局官方认定的

① 诸敏刚. 基于技术特征挖掘的专利价值评估指标体系研究［R］. 国家知识产权局，2018.

普及版评估软件。它为用户提供了一个评估及有效管理专利的框架，能够基于输入对专利价值进行评估，并输出各类图表及专利评估报告，目前支持英语、德语、法语、西班牙语以及丹麦语5种语言。系统输入数据全部为"选择题"，分为法律状态、技术状况、市场环境、财务指标以及公司战略5个维度共计40个问题，每个问题都有对应的选项供使用者选择，用以描述专利的各个属性。选择完毕后，IPscore对专利进行全面的分析，并通过客观结果、风险机遇、财务前景、投资前景和净现值分析5个维度对专利的价值进行结果展示。

7.3.2 中国专利价值评价情况

为有效解决专利价值评价和分级分类管理问题，提高知识产权资产管理水平，国家知识产权局原专利管理司联合中国技术交易所及相关机构，共同研究并设计了"专利价值分析指标体系"。该指标体系从法律价值度（LVD）、技术价值度（TVD）和经济价值度（EVD）3个维度对专利价值度（PVD）进行全面评价。如图7-2所示。

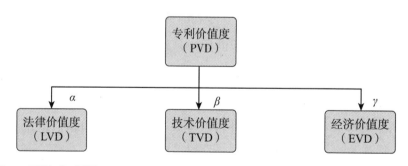

$$PVD = \alpha \times LVD + \beta \times TVD + \gamma \times EVD$$
其中，$\alpha + \beta + \gamma = 100\%$

图7-2 专利价值度的3个维度

在3个维度下，划分了18个指标。法律价值度从法律的维度评价一件专利的价值，包括稳定性、可规避性、依赖性、专利侵权可判定性、有效期、多国申请、专利许可状况等。如图7-3所示。

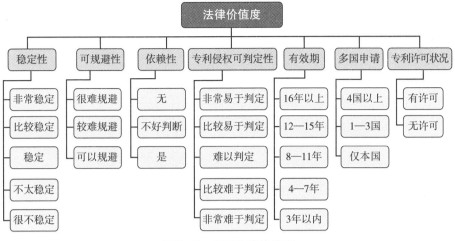

图 7-3　专利法律价值度

技术价值度从技术的维度评价一件专利的价值，包括先进性、行业发展趋势、适用范围、配套技术依存度、可替代性、成熟度等。如图7-4所示。

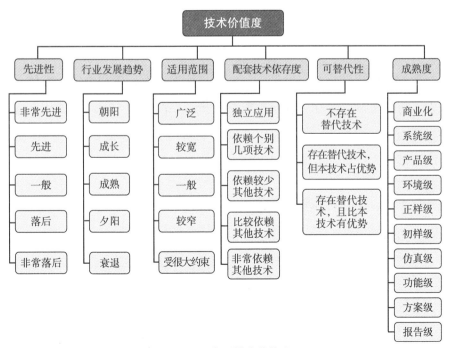

图 7-4　专利技术价值度

经济价值度从市场经济效益的维度评价一件专利的价值，包括市场应用、市场规模、市场占有率、竞争对手、政策适应性等。如图7-5所示。

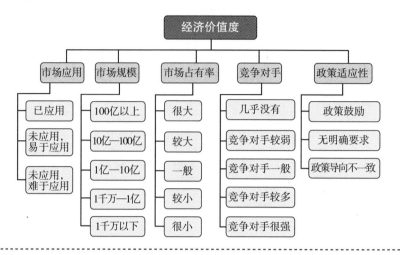

注："市场规模"指标单位为元

图7-5 专利经济价值度

专利价值分析指标体系的主要应用方法是根据检索报告、行业分析报告以及其他材料，对指标项逐个打分，加权汇总之后，形成对专利价值进行衡量的一种标准化统一度量——专利价值度。由于专利价值分析体系涉及人工打分机制，存在主观倾向影响分析结果的可能，因此，该体系通过建立严谨的流程管理，比如制定了《专利价值分析体系操作手册》，最大限度降低主观因素的影响，尽可能保证体系的科学性和权威性。

7.3.3 专利价值评价系统

运用专利价值评价指标体系，以大数据等技术开发出对专利进行快捷评价的软件系统，能有效促进专利价值评价的科学化和智能化。目前，较有代表性的专利价值评价系统有四种。

1. 中国专利信息中心专利价值评价服务平台

专利价值评价服务平台是一套在线专利价值评价服务系统，该系统在整合专利相关数据的基础上，通过构建合理的数学模型提供专利价值评价服务。该系统可对目前所有法律状态有效的中国发明和实用新型专利的价值进行量化评价，评价内容包括专利法律、技术和经济 3 个维度下的 10 余个二级指标和 30 余个三级指标，指标的设置运用国家知识产权局发布的《专利价值分析指标体系》。服务系统提供专利价值评价报告，包括专利基本信息、专利各个具体评价指标评分等内容，同时系统还可提供批量评价数据服务。

2. 知识产权出版社 P2I 专利价值评估系统

专利价值评估系统（Patent to Intelligence，P2I）是一款基于中国专利大数据的自然语言处理和数据挖掘，快速准确实现中国专利价值的智能化评估的系统。该系统基于大数据挖掘的客观指标，对专利数据、判例数据、海关数据、专利奖数据等多个数据源进行深度加工，共提炼出 28 个底层客观指标，并不断完善。该系统提出了表征技术实质的语义实体指标，通过构建待评专利的相似专利库并比较二者在权利要求上的相似性，计算待评专利的语义实体指标，解决传统指标无法有效评估新申请专利的局限。该系统具有面向不同应用场景的可拆分指标体系，用户可以根据评估目的是面向区域或领域的宏观评估还是针对单件专利的微观评估，基于基础指标自由组合指标体系，在不断调优的基础上达到最好的效果。

3. 智慧芽专利分析系统

智慧芽公司的专利分析系统中包含价值评估模型，模型提供单篇专利和专利组合的价值评估。该模型以货币形式给出专利估值，同时算法是基于机器学习的。模型共整合了专利价值相关的 25 个不同的维度（包括引用、被引用、专利家族规模、家族覆盖区域、专利年龄、法律状态等），同时根据历史上的专利成交案例等进行调整。其中，5 个主要维度为法律、技术质量、申请人、市场覆盖、市场竞争力。

4. 合享 IncoPat 科技创新情报平台

合享 IncoPat 科技创新情报平台功能包括专利价值度的评价，帮助用户快速聚焦核心专利。IncoPat 利用数据挖掘、迭代优化的方法，利用专利的 20 多个参数，创建了一套客观的价值度评价体系，以 1—10 分不同专利价值度分值的形式评价专利价值的高低。用户可以通过专利价值度排序，第一时间聚焦最重要的技术情报，提高专利运用效率。

第8章 上市公司知识产权资产数据分析

　　《国务院关于新形势下加快知识产权强国建设的若干意见》中做出了"细化会计准则规定，推动企业科学核算和管理知识产权资产"的明确部署。2018 年 11 月，财政部、国家知识产权局联合印发了《知识产权相关会计信息披露规定》（以下简称规定），对知识产权会计信息披露的适用范围、披露要求、实施与衔接等事项做出规定，企业知识产权资产在会计信息中的披露将不断强化。

　　为了探究中国上市公司知识产权资产披露情况，本章选择 A 股主板、中小板、创业板和科创板共计 3,680 家公司 2018 年年度报告中披露的数据作为研究对象，去掉金融行业公司 103 家、*ST 公司 142 家和未披露无形资产的 26 家公司后，有效样本共计 3,409 家公司。在这些样本中，知识产权资产上市板块分布如图 8 - 1 所示。根据各公司 2018 年年度报告中财务报表附注中的数据，知识产权类无形资产主要统计对象包括专利技术、非专利技术、商标权及软件著作权。

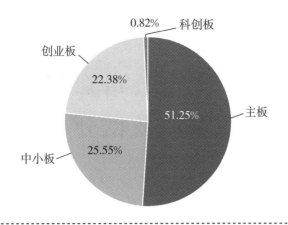

数据来源：同花顺，2019年

图 8-1　上市公司知识产权资产上市板块分布

2019 年 3 月 1 日，中国证券监督管理委员会发布《科创板首次公开发行股票注册管理办法（试行）》和《科创板上市公司持续监管办法（试行）》，标志着中国科创板设立并试点注册制的配套规则正式发布。2019 年 6 月 13 日，中国科创板正式开盘。科创板为初创型科技企业提供了更大更便捷的融资渠道，将促进那些掌握核心技术、具有核心产品、行业前景广阔、发展空间大的企业持续加大科技创新，对推动整个行业发展和国家创新起到积极作用。为此，本章还重点分析截至 2019 年 6 月在科创板上市的 28 家企业的知识产权资产披露情况，并挑选其中的重点企业进行分析。

8.1　2018 年上市公司知识产权资产概况

8.1.1　超九成 A 股上市公司披露了知识产权资产

统计发现，A 股上市公司中共计 3,215 家公司在资产负债表中披露了知识产权资产情况，占比达到94.30%。分类别来看，软件著作权是资产负债表中知识产权类别占比最高的，共计2,794家公司拥有软件著作权资产，占比为81.96%；其次，共计1,613家公司在资产负债表中披露了专利技术资产，占比47.32%；拥有非专利技术资产的公司为913家，占比26.78%；拥有商标权资产的公司为764家，占比22.41%。如图8-2所示。

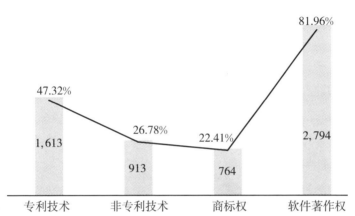

图8-2　上市公司知识产权资产拥有情况

8.1.2　上市公司知识产权资产以专利和软件著作权资产为主

通过对3,409家上市公司进行统计，截至2018年底，A股上市公司持有知识产权类资产共计约4,710亿元，占无形资产的比例为12.86%。如图8-3所示。分类型来看，专利技术资产为A股上市公司拥有资产量最高的知识产权资产类型，2018年A股上市公司共计持有专利技术资产约1,547亿元，占知识产权类无形资产总体的32.85%。排名第二的是软件著作权资产，共计约1,480亿元，占比达31.42%。非专利技术资产和商标权资产分别占19.85%和15.89%。如图8-4所示。

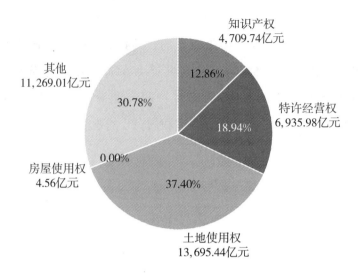

图 8-3　A 股上市公司无形资产分布及占比

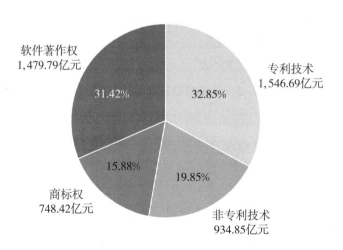

图 8-4　A 股上市公司各类型知识产权资产分布及占比

8.2 2018 年上市公司知识产权资产行业、地域情况

8.2.1 制造业与信息技术业知识产权资产体量和占比较高

各行业知识产权资产分布及各行业知识产权资产在无形资产中的占比排名如表 8-1 所示。

表 8-1 各行业知识产权资产分布及无形资产占比排名

序号	行业分类	知识产权资产（亿元）	序号	行业分类	占无形资产比例
1	制造业	3,118.14	1	信息传输、软件和信息技术服务业	49.86%
2	信息传输、软件和信息技术服务业	623.23	2	科学研究和技术服务业	31.70%
3	采矿业	232.06	3	居民服务、修理和其他服务业	31.43%
4	批发和零售业	211.59	4	住宿和餐饮业	26.51%
5	交通运输、仓储和邮政业	121.26	5	制造业	25.77%
6	建筑业	95.66	6	批发和零售业	15.67%
7	电力、热力、燃气及水生产和供应业	89.10	7	综合	15.26%
8	住宿和餐饮业	39.90	8	卫生和社会工作	12.56%
9	房地产业	39.38	9	租赁和商务服务业	12.44%
10	租赁和商务服务业	33.90	10	文化、体育和娱乐业	9.32%
11	文化、体育和娱乐业	32.09	11	教育	7.02%
12	科学研究和技术服务业	22.55	12	房地产业	6.97%

续表

序号	行业分类	知识产权资产（亿元）	序号	行业分类	占无形资产比例
13	水利、环境和公共设施管理业	18.95	13	农、林、牧、渔业	5.79%
14	综合	14.58	14	电力、热力、燃气及水生产和供应业	4.96%
15	农、林、牧、渔业	8.19	15	采矿业	3.16%
16	卫生和社会工作	6.00	16	交通运输、仓储和邮政业	2.88%
17	教育	2.72	17	水利、环境和公共设施管理业	2.14%
18	居民服务、修理和其他服务业	0.46	18	建筑业	1.61%
合计		4,709.74			

从各个行业①的知识产权资产的分布可以看出，制造业的知识产权资产体量最大，另外几个知识产权资产较多的行业分别为信息传输、软件和信息技术服务业，采矿业，以及批发和零售业，分别拥有知识产权资产约623亿元、232亿元和212亿元。

从知识产权资产在无形资产中的占比来看，信息传输、软件和信息技术服务业的占比最高，达到49.86%；其次是科学研究和技术服务业，居民服务、修理和其他服务业，二者的知识产权资产在无形资产中的占比也都超过30%，分别为31.70%和31.43%。

从知识产权的结构来看，知识产权资产总量排名前五的行业中，制造业和采矿业知识产权资产主要以专利技术资产为主，占比分别为39.35%和66.19%；除知识产权资产总量排名前五的行业外，水利、环境和公共设施管理业，综合，农、林、牧、渔业的知识产权资产也以专利技术资产为主。信息传输、软件和信息技术服务业，批发和零售业，交通运输、仓

---

① 本书中的行业分类采取中国证券监督管理委员会2019年第2季度上市公司行业分类。

储和邮政业，建筑业等11个行业的知识产权资产皆以软件著作权资产为主。住宿和餐饮业以及卫生和社会工作的知识产权资产则以商标权资产为主，占比分别为70.70%、49.88%。如表8-2所示。

表8-2　各行业知识产权资产占比

行业分类	资产类型			
	专利技术	非专利技术	商标权	软件著作权
制造业	39.35%	24.57%	18.86%	17.22%
信息传输、软件和信息技术服务业	6.38%	11.10%	1.33%	81.20%
采矿业	66.19%	18.71%	0.19%	14.91%
批发和零售业	13.93%	8.66%	32.46%	44.95%
交通运输、仓储和邮政业	1.42%	0.37%	3.79%	94.42%
建筑业	23.48%	7.43%	18.03%	51.06%
电力、热力、燃气及水生产和供应业	15.16%	16.07%	8.17%	60.59%
住宿和餐饮业	26.23%	0.00%	70.70%	3.07%
房地产业	21.11%	2.11%	12.51%	64.28%
租赁和商务服务业	7.01%	5.99%	35.48%	51.52%
文化、体育和娱乐业	15.63%	3.32%	3.76%	77.30%
科学研究和技术服务业	31.92%	7.84%	13.49%	46.75%
水利、环境和公共设施管理业	72.00%	11.96%	0.70%	15.34%
综合	55.36%	36.64%	0.07%	7.93%
农、林、牧、渔业	42.35%	31.74%	2.68%	23.23%
卫生和社会工作	3.48%	2.19%	49.88%	44.45%
教育	8.87%	0.66%	43.59%	46.89%
居民服务、修理和其他服务业	19.17%			80.83%

8.2.2　上市公司知识产权资产规模北京、上海、广东地区领先

中国知识产权资产主要集中在直辖市与东南沿海经济发达地区，一方面与这些地方上市公司数量多有关，另一方面可能与这些区域知识产权保

护意识更强，企业更愿意将知识产权资产转化为实际的资产有关。从总量数据来看，北京市、广东省和上海市的上市公司集中了中国较多的知识产权资产。其中，北京市上市公司披露的知识产权资产最多，共计约 1,343 亿元，超出排名第二的广东省约 576 亿元，整体占北京市上市公司无形资产的比例为 10.33%。广东省作为中国改革开放前沿阵地，上市公司知识产权资产总量和占比也均较高，分别约为 767 亿元和 19.52%。排名第三的上海市，上市公司披露知识产权资产约 347 亿元，占无形资产的比例为 17.75%。如表 8-3 所示。

表 8-3　各省（区、市，不含港澳台地区）上市公司知识产权资产

地区	上市公司知识产权资产（亿元）	占无形资产比例
北京	1,342.93	10.33%
广东	767.24	19.52%
上海	346.91	17.75%
浙江	299.60	18.84%
山东	295.49	12.00%
江苏	288.10	19.69%
湖北	205.52	20.16%
天津	134.65	12.36%
安徽	128.14	14.08%
四川	106.95	9.68%
重庆	104.57	26.86%
陕西	78.79	16.08%
福建	68.25	10.35%
湖南	66.92	10.05%
新疆	60.36	21.99%
河北	53.52	9.50%

续表

地区	上市公司知识产权资产（亿元）	占无形资产比例
辽宁	49.03	7.97%
吉林	46.14	25.98%
河南	45.76	5.07%
黑龙江	33.29	28.83%
内蒙古	30.52	7.75%
山西	28.27	2.15%
江西	26.99	10.56%
云南	21.65	4.88%
贵州	21.17	18.15%
西藏	17.67	24.25%
广西	15.82	11.48%
海南	11.38	8.64%
青海	6.12	6.19%
甘肃	4.88	2.09%
宁夏	3.11	7.46%

　　各地区知识产权结构和地区的产业结构有着较强的相关关系。从知识产权总量排名全国前三的北京市、广东省和上海市来看，北京市和上海市披露的知识产权资产主要以软件著作权资产为主，占比均超过了40%，而广东省知识产权资产则主要以专利技术资产为主，占比36.73%。

　　除此之外，湖北省、安徽省、山西省、云南省、西藏自治区和青海省上市公司披露的知识产权资产中，专利技术资产的占比均超过了50%。东三省中的吉林省和黑龙江省知识产权资产则主要以非专利技术资产为主，占比分别为61.73%和58.34%。贵州省近六成（59.70%）的知识产权资产均为软件著作权资产。如表8-4所示。

表8-4 各省（区、市，不含港澳台地区）知识产权资产占比

地区	资产类型			
	专利技术	非专利技术	商标权	软件著作权
北京	27.02%	17.74%	12.41%	42.83%
广东	36.73%	15.13%	21.35%	26.80%
上海	31.86%	17.07%	8.25%	42.82%
浙江	42.73%	19.79%	14.66%	22.81%
山东	24.66%	19.12%	42.96%	13.26%
江苏	27.66%	22.83%	20.15%	29.37%
湖北	72.26%	11.37%	3.19%	13.18%
天津	16.19%	4.07%	39.62%	40.12%
安徽	58.08%	12.18%	4.57%	25.17%
四川	25.57%	31.87%	23.24%	19.32%
重庆	10.40%	72.35%	3.69%	13.56%
陕西	42.43%	26.37%	1.04%	30.16%
福建	25.15%	11.85%	13.68%	49.32%
湖南	20.81%	24.75%	26.42%	28.02%
新疆	37.48%	3.29%	17.01%	42.23%
河北	24.47%	37.74%	10.35%	27.44%
辽宁	28.74%	25.41%	6.31%	39.55%
吉林	25.48%	61.73%	1.85%	10.94%
河南	33.35%	33.68%	12.84%	20.13%
黑龙江	22.45%	58.34%	1.82%	17.39%
内蒙古	28.15%	43.55%	2.37%	25.92%
山西	50.95%	26.64%	4.57%	17.84%
江西	42.94%	21.64%	8.78%	26.63%
云南	53.60%	21.31%	1.41%	23.68%

地区	资产类型			
	专利技术	非专利技术	商标权	软件著作权
贵州	19.20%	17.19%	3.92%	59.70%
西藏	90.62%	5.02%	0.02%	4.33%
广西	30.09%	12.98%	11.05%	45.87%
海南	20.41%	29.80%	16.32%	33.47%
青海	55.64%	2.06%	10.51%	31.79%
甘肃	29.17%	8.06%	22.40%	40.37%
宁夏	30.37%	15.50%	30.90%	23.23%

8.3　科创板上市公司知识产权资产概况及行业分析

设立科创板并试点注册制是提升服务科技创新企业能力、增强市场包容性、强化市场功能的一项资本市场重大改革举措。截至 2019 年 8 月 30 日，科创板共有 28 家公司，主要分布在北京市、长江三角洲地区以及广东省，其中北京市 5 家、长江三角洲地区 14 家、广东省 4 家。如表 8-5所示。

表 8-5　科创板上市公司概览

代码	名称	省（区、市）
688001.SH	华兴源创	江苏
688002.SH	睿创微纳	山东
688003.SH	天准科技	江苏
688005.SH	容百科技	浙江
688006.SH	杭可科技	浙江
688007.SH	光峰科技	广东
688008.SH	澜起科技	上海

续表

代码	名称	省（区、市）
688009.SH	中国通号	北京
688010.SH	福光股份	福建
688011.SH	新光光电	黑龙江
688012.SH	中微公司	上海
688015.SH	交控科技	北京
688016.SH	心脉医疗	上海
688018.SH	乐鑫科技	上海
688019.SH	安集科技	上海
688020.SH	方邦股份	广东
688022.SH	瀚川智能	江苏
688028.SH	沃尔德	北京
688029.SH	南微医学	江苏
688033.SH	天宜上佳	北京
688066.SH	航天宏图	北京
688088.SH	虹软科技	浙江
688099.SH	晶晨股份	上海
688122.SH	西部超导	陕西
688188.SH	柏楚电子	上海
688321.SH	微芯生物	广东
688333.SH	铂力特	陕西
688388.SH	嘉元科技	广东

8.3.1 科创板上市公司知识产权资产占比低于 A 股平均水平

截至 2019 年 6 月 30 日，28 家科创板上市公司的知识产权资产总计 8.9 亿元，占无形资产账面原值的比例为 21%，低于 A 股上市公司的总体水平（31%）。如图 8 - 5 所示，从科创板上市公司知识产权资产的分类来看，专利技术资产共计约 5.42 亿元，占比 60.87%；软件著作权资产共计约 3.48 亿元，占比 39.13%，28 家公司中均没有非专利技术和商标权资产。

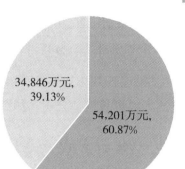

数据来源：各上市公司2019年中期报告，同花顺

图 8 - 5　2019 年上半年科创板上市公司知识产权资产概况

8.3.2　仅 6 家制造业科创板上市公司披露了知识产权资产

从 28 家科创板上市公司所属行业分类来看，有 25 家科创板上市公司属于制造业，这和国家支持制造业转型升级政策保持一致；另外 3 家所属行业分别为信息传输、软件和信息技术服务业行业，属于高新技术产业，也是国家重点扶持的行业。如表 8 - 6 所示。

表 8 - 6　科创板上市公司所属行业分类

所属行业	上市公司名称
制造业	华兴源创、天准科技、容百科技、杭可科技、澜起科技、中国通号、中微公司、交控科技、心脉医疗、乐鑫科技、安集科技、瀚川智能、沃尔德、南微医学、天宜上佳、晶晨股份、睿创微纳、光峰科技、福光股份、新光光电、方邦股份、西部超导、微芯生物、铂力特、嘉元科技
信息传输、软件和信息技术服务业	航天宏图、虹软科技、柏楚电子

28家科创板上市公司中，仅6家公司在2019年中期报告中披露了知识产权资产情况。这6家公司分别为容百科技、澜起科技、中国通号、中微公司、交控科技和虹软科技，均是制造业企业。

从知识产权无形资产总量来看，2019年上半年中国通号知识产权资产约7.18亿元，远远领先其他公司。中微公司和交控科技2019年上半年知识产权资产分别达到7,520万元和7,870万元，占无形资产的比例分别为56.11%和63.46%，高于科创板其他公司。如图8-6所示。

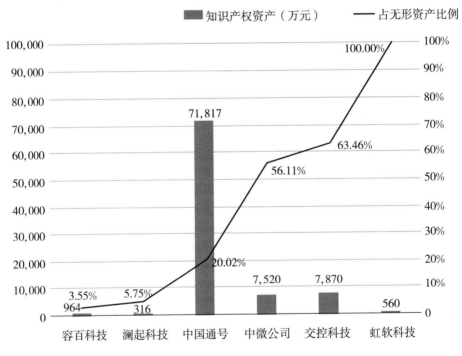

图8-6 科创板上市公司知识产权资产概况（截至2019年6月30日）

从6家上市公司知识产权资产的结构来看，这些公司2019年上半年知识产权资产主要集中在专利技术资产和软件著作权资产两类，其中容百科技、中国通号、中微公司和交控科技以专利技术资产为主，占知识产权资产的比例均超过50%。而澜起科技和虹软科技的知识产权资产则均为软件著作权资产。如图 8 −7 所示。

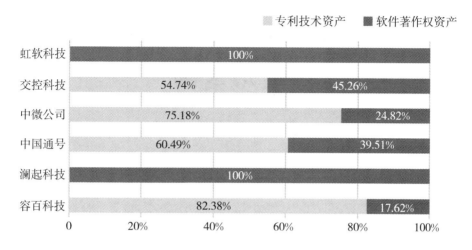

图 8 −7 科创板上市公司 2019 年上半年知识产权资产分布情况

第9章　知识产权资产管理典型案例

9.1　四川省科技成果转化试点：盘活高校知识产权资产

2015 年 8 月，四川省被确定为国家系统推进全面创新改革试验区；同年 11 月，中国共产党四川省第十届委员会第七次全体会议通过《中共四川省委关于全面创新改革驱动转型发展的决定》，提出"以明确科技成果权属为突破口，完善科技成果资本化产业化制度"，对科技成果转化这一关键问题进行改革创新，并选择在西南交通大学、四川大学等高校进行试点。

在政府的积极引导下，2016 年初，西南交通大学发布了《西南交通大学专利管理规定》，其中明确将职务发明成果由学校所有变为学校、职务发明人共同所有，将"事后股权奖励"变为"事先产权激励"，职务发明人可按照 7:3 的比例与学校共享专利权，评估作价入股后发明人持有专利权产生的 70% 股份。2017 年《西南交通大学职务科技成果转化实施细则（试行）》进一步细化了转化方式、转化流程、受益分配方式等内容。如表 9 - 1 所示。

表 9-1 《西南交通大学科技成果转化实施细则（试行）》主要内容

内容	细则
转化方式	向他人转让该科技成果；许可他人使用该科技成果；以该科技成果作价投资，折算股份或者出资比例等
定价方式	协议定价、在技术交易市场挂牌交易、拍卖等方式
转让或许可流程	采取转让或许可方式转化的，由完成人向科研院提交转化申请，确定转化方式和定价方式，科研院对转化申请材料进行审核
作价投资流程	采取作价投资方式转化的，学校以全资资产公司或其授权委托的全资公司作为学校科技成果作价投资的出资主体
收益分配	（1）对于没有分割确权的科技成果，学校从可分配收益提取 70% 奖励给完成人。完成人团队提出内部奖励分配方案，经科研院审核后，由计财处按分配方案发放奖金。剩余的 30% 部分，学校占 15%，完成人所在二级单位占 15% （2）对于已分割确权的科技成果，因完成人已经享有了 70% 的知识产权，学校不再对完成人进行收益分配。学校享有的 30% 的收益，学校占 15%，完成人所在二级单位占 15%

2016 年 12 月，成都市科技局、市财政局等 8 部门制定《关于支持在蓉高校院所开展职务科技成果混合所有制改革的实施意见》，对科学研究与技术开发产生的具有实用价值的专利、著作权、版权等科技成果，按照既有、正在申请中和新产生三种类型，规定了其支持模式和确权流程。在定价方面，高校院所和职务科技成果发明人对其持有的科技成果，可以自主决定转让、许可或者作价投资：①高校院所可通过协议定价、在技术交易市场挂牌交易、拍卖等方式确定价格；②协议定价方式确定科技成果价格的，高校院所的权益价格必须大于高校院所投入该成果的知识产权申请、维护及奖励的费用；采用在技术交易市场挂牌交易、拍卖等方式确定价格的，挂牌价和起拍价原则上不低于高校院所投入该成果的知识产权申请、维护及奖励的费用，以最终成交价格作为科技成果的定价。

职务科技成果转让或许可产生的收益，在扣除应缴纳的税费和相应成本后，由高校院所与职务发明人按照各自对职务科技成果的权属比例进行分配。

2017年7月，成都市出台《关于创新要素供给培育产业生态提升国家中心城市产业能级科技成果转化政策措施的实施细则》，激发高校内生动力和活力，推进产业链、创新链、资金链的有机融合。2019年7月出台的《成都市关于鼓励知识产权成果进场交易的若干措施》则旨在鼓励建设知识产权成果交易平台、促进知识产权成果进场交易、支持知识产权成果成交后产业化。此外，成都市还在全国率先出台了专门针对技术经纪人的职称评定办法，在自然科学研究职称系列中增设技术经纪专业，明确技术经纪人评价标准，并成立评审委员会。

2018年6月，四川省出台《2018年四川省科技成果转化工作要点》，要求加快推动科技成果转化为现实生产力，大力支持高校院所基础研究投入，引导高校院所围绕产业发展需要确定研究方向，提升基础研究水平和原始创新能力，为产业发展提供一批可转化的成果。2018年12月，四川省制定《扩大职务科技成果权属混合所有制改革试点的指导意见》，对职务科技成果含义、职务科技成果知识产权分割确权模式、确权流程、定价流程、收益分配、内部管理及部门职责进行明确，制定了具体的操作规范。[①] 2018年，成都市以知识产权为支撑，加大创新支持力度。设立不低于20亿元的知识产权运营基金等十条具体政策措施，支持力度居全国同类城市前列，全市知识产权工作稳中有进。截至2018年10月底，成都市职务科技成果权属混合所有制改革试点已拓展到全省20所高校院所，近400项职务科技成果成功得到分割确权，作价入股创办高新技术企业40

---

① 探索职务科技成果权属改革打通科技与经济结合通道的"成都经验"获国办"点赞"［EB/OL］．（2019-11-06）［2019-12-24］．http：//www.gxyqy.com/News_Show.asp？NewsID=17204.

余家，带动社会投资近百亿元。①

　　四川省科技成果转化试点工作，让高校和科研院所知识产权价值得到最大的发挥，原本束之高阁的实验室知识产权开始走向市场，科研成果获得了市场和资本的认可，大力激发了创新者的活力。截至2018年底，四川省职务科技成果权属混合所有制改革试点单位扩大到省内45个单位，累计共享确权400余项，累计注册成立60余家高科技创业公司，带动社会投资30亿元。②

9.2　长电科技：以专利作价入股成立合资公司

　　长电科技（600584.SH）成立于1998年，于2003年A股上市，目前已经成长为国际一线半导体封测厂商，2018年全球半导体封测行业市占率达到13%。公司专注于半导体封测业务，产品广泛应用于计算机、手机、消费电子、工业物联网、电源管理、汽车电子等领域。公司技术布局完善，掌握各类中高端封装技术，通过合理的生产布局及业务战略，旗下子公司在生产上各有侧重，核心技术包括有自主知识产权的 Fan-out eWLB、WLCSP、Bumping、FC-BGA、SiP 等封装技术。公司客户涵盖国内中小半导体厂商，以及全球排名前十的半导体厂商。长电科技子公司及核心技术如表9-2所示。

---

①　40年飞跃！创新成都凸显科技中心地位 [EB/OL]. (2018-11-06) [2019-12-24]. http://dy.163.com/v2/article/detail/E0OI13DN0511ABJ0.html.

②　四川职务科技成果权属混合所有制改革催生60余家公司 [EB/OL]. (2019-05-27) [2019-12-24]. http://www.sc.xinhuanet.com/content/2019-05/27/c_1124544586.htm.

表9-2 长电科技子公司及核心技术

业务板块	厂区	主要技术	主要客户
原长电科技	长电本部	QFN 等封装	海思、展锐、MTK、Avago 等
	长电滁州/宿迁	低端封装分立器件（SOP，DIP 等）生产	国内中小厂
	本部基板封装事业部	BGA 封装	国内中小厂
	长电先进	WLCSP 封装；Bumping 等中道工艺；ECP 封装	全球十大模拟 IC 厂商（TI/英飞凌/ADI）
JSCK（给北美大客户提供 SiP 产品）		SiP 封装	苹果
星科金朋	新加坡厂	eWLB 扇出型封测业务	高通、博通、MTK、Avago
	韩国厂	倒装封装	高通、三星、海力士、MTK、比特大陆
	江阴厂（原上海厂）	倒装封装、焊线分装	汇顶、高通、MTK、比特大陆

2018 年 8 月，公司完成定向增发 2.43 亿股，募集资金 35.95 亿元，国家集成电路产业投资基金（以下简称产业基金）、芯电半导体（上海）有限公司和江苏新潮科技集团有限公司成为公司的前三大股东，这也是产业基金首次成为 A 股半导体上市公司第一大股东，凸显出公司在中国半导体行业发展中的战略地位。长电科技十大股东如表9-3 所示。

表9-3 长电科技十大股东

序号	股东名称	持股数量（万股）	持股比例（%）
1	国家集成电路产业投资基金股份有限公司	30,455	19.00
2	芯电半导体（上海）有限公司	22,883	14.28
3	江苏新潮科技集团有限公司	8,014	5.00

续表

序号	股东名称	持股数量（万股）	持股比例（%）
4	香港中央结算有限公司	3,898	2.43
5	无锡金投领航产业升级并购投资企业（有限合伙）	3,358	2.09
6	中央汇金资产管理有限责任公司	3,136	1.96
7	兴业银行股份有限公司－兴全趋势投资混合型证券投资基金	2,021	1.26
8	泰康人寿保险有限责任公司－分红－个人分红－019L－FH002沪	1,763	1.10
9	泰康人寿保险有限责任公司－传统－普通保险产品－019L－CT001沪	1,698	1.06
10	孙靖	1,092	0.68
	合计	78,318	48.86

截至2019年6月30日，长电科技共拥有知识产权资产4.07亿元，占公司无形资产的比例为62.84%。其中专利技术资产3.19亿元，软件著作权资产0.88亿元。公司拥有专利1501件，其中发明专利621件，占比41.37%；实用新型专利873件，占比58.16%；外观设计专利7件，占比0.47%。按专利申请年份划分，长电科技专利申请集中在2010年至2013年间，其中2010年共申请467件，占总量的31.11%。如表9－4所示。

表9－4 长电科技专利布局情况（按申请年份）

年份	发明专利（件）	实用新型专利（件）	外观设计专利（件）	总计（件）	发明专利占比
2000		1		1	0
2004	13	6		19	68.42%
2005	16	8		24	66.67%

续表

年份	发明专利（件）	实用新型专利（件）	外观设计专利（件）	总计（件）	发明专利占比
2006	6	2		8	75.00%
2007	16	7		23	69.57%
2008	11	8	3	22	50.00%
2009	6	6	3	15	40.00%
2010	145	322		467	31.05%
2011	26	82	1	109	23.85%
2012	80	178		258	31.01%
2013	97	44		141	68.79%
2014	42	48		90	46.67%
2015	33	58		91	36.26%
2016	45	38		83	54.22%
2017	40	38		78	51.28%
2018	38	26		64	59.38%
2019	7	1		8	87.50%

数据来源：同花顺

2019 年 10 月 30 日，长电科技发布公告称，其拟将控股子公司 STATS-ChipPACPte. Ltd.（以下简称星科金朋）拥有的 14 项专有技术及其包含的 586 件专利评估作价，与股东产业基金、绍兴越城越芯数科股权投资合伙企业（有限合伙）、浙江省产业基金有限公司共同在绍兴市投资设立合资公司，建立先进的集成电路封装生产基地。合资公司注册资本为 50 亿元。

合资公司拟定名称为长电集成电路（绍兴）有限公司，拟定经营范围包括半导体集成电路和系统集成的技术开发、测试和生产制造，半导体集成电路和系统集成的技术转让、技术服务及产品销售服务。

从合资公司股权结构来看，星科金朋拟以其拥有的 14 项晶圆 Bumping 和晶圆级封装专有技术及其包含的 586 件专利所有权作价出资，认缴出资额 9.5 亿元，占注册资本的 19%；产业基金拟以货币出资 13 亿元，占注册资本的 26%；绍兴越城越芯数科股权投资合伙企业（有限合伙）拟以货币出资 19.5 亿元，占注册资本的 39%；浙江省产业基金有限公司拟以货币出资 8 亿元，占注册资本的 16%。合资公司股权机构如表 9 - 5 所示。

表 9 - 5　合资公司股权机构

公司	出资金额及形式	占比
星科金朋	9.5 亿元（专利所有权作价）	19%
产业基金	13 亿元（货币出资）	26%
越城越芯数科股权投资合伙企业	19.5 亿元（货币出资）	39%
浙江省产业基金有限公司	8 亿元（货币出资）	16%

上海东洲资产评估有限公司以 2019 年 6 月 30 日为评估基准日，对用于出资的无形资产组进行评估并出具了东洲评报字【2019】第 1224 号评估报告：本次评估主要采用收益法 - 收入分成法和成本法评估，以收益法 - 收入分成法作为最终评估结论。截至 2019 年 6 月 30 日，上述无形资产组合计账面价值为 6,309,912.62 美元，评估值为 9.51 亿元。

此外，长电科技还与合资公司达成专利交叉许可协议，为了让本公司、控股子公司及合资公司合法生产、制造或提供晶圆级封装产品/服务，合资公司拟将上述用于出资的无形资产授权给本公司及各级控股子公司免费使用；同时，星科金朋也将其合法拥有的全部专利授权给合资公司免费使用。

本次星科金朋以 14 项专有技术包含的 586 件专利，作价 9.5 亿元入股合资公司，占注册资本的 19%，充分实现了公司专利资产的价值。同时合资公司与长电科技达成的专利交叉许可协议，有利于进一步扩大中国企业在全球封装产业的市场份额。

9.3 中微公司：专利布局提升公司产品国际竞争力

集成电路产业是支撑经济社会发展和保障国家安全的战略性、基础性和先导性产业，其中集成电路制造设备行业是一个技术壁垒极高的行业，关键产品多被美国、日本和荷兰等巨头垄断。国际半导体产业协会（SEMI）、中国海关和赛迪研究所的数据显示，2018年中国销售半导体设备131亿美元，其中进口金额达到120.73亿美元，国产化比例仅为7.8%。在全球各大晶圆厂中，美国、日本和荷兰生产的核心设备市场占有率可以达到90%，甚至100%。

近年来，中国部分细分领域的半导体设备厂商正在打破海外的技术垄断，实现了部分设备的国产替代化，产品深入打入国际市场，中微公司（688012.SH）就是其中最具有代表性的企业之一。它是一家以中国为基地、面向全球的高端半导体微观加工设备公司，主要产品包括半导体刻蚀设备及用于半导体薄膜制作的MOCVD设备。

（1）CCP/ICP刻蚀设备。中微公司从2004年建立起首先着手开发甚高频去耦合的CCP刻蚀设备Primo D-RIE，已成功开发双反应台Primo D-RIE、双反应台Primo AD-RIE和单反应台Primo AD-RIE三代刻蚀机产品，涵盖65nm、45nm、32nm、28nm、22nm、14nm、7nm到5nm关键尺寸的众多刻蚀应用。2012年，中微公司开始开发ICP刻蚀设备，目前，已成功开发出单反应台Primo nanova刻蚀设备，涵盖14nm、7nm到5nm关键尺寸。除此之外，公司还成功开发了电感性深硅刻蚀设备。

（2）MOCVD薄膜沉积设备。公司从2010年开始开发用于LED外延片加工中最关键的设备——MOCVD设备。目前，公司已开发了三代MOCVD设备，可用于蓝绿光LED、功率器件等加工，包括第一代设备Prismo D-Blue、第二代设备Prismo A7及正在开发的第三代30in大尺寸设备。

中微公司非常重视公司核心产品技术的专利布局。在CCP/ICP刻蚀设备和MOCVD设备两个核心产品领域布局了多项受到专利保护的自主研发技术。截至2019年3月，公司申请专利1,201件，其中发明专利1,038件，授权专利达951件，而应用于核心产品专利就超过100件，如表9-6所示。

表9-6 中微公司自主研发产品和专利布局

项目	CCP刻蚀设备	ICP刻蚀设备	MOCVD薄膜沉积设备
专利保护	已获专利35件 申请中专利11件	已获专利14件 申请中专利4件	已获专利39件 申请中专利5件
技术名称	双反应台高产出率技术	低电容耦合线圈技术	双区可调控工艺气体喷淋头
	接触式电极喷淋板技术	抗损耗氧化钇镀膜技术	高温度均匀性加热器和带锁托盘驱动技术
	晶圆边缘区域气帘技术	反应腔对称轴气技术	高精度可编程托盘传输技术
	脉冲阻抗匹配技术	—	智能化温控技术
技术来源	自主研发	自主研发	自主研发

中微公司在发展过程中遭受了多次半导体设备行业国际巨头的"围剿"。在2007年、2009年和2017年，公司分别遭遇国际同业竞争对手美国应用材料（AMAT）、美国泛林半导体（Lam Research）以及美国维易科公司（Veeco）的专利诉讼。中微公司较扎实的专利布局是应对国际复杂

知识产权挑战的基础前提。在应对诉讼上，中微公司评估了业界的 3,000 多件相关专利，充分了解专利的敏感性和潜在风险；中微公司和多国多地的 15 个涉及知识产权业务的律师事务所建立了业务关系，成功地在专利纠纷中获得胜诉与和解。

核心专利产品帮助中微公司增强了与国际巨头正面竞争的底气，构建了属于中国企业的技术"护城河"。目前中微公司多项电容性和电感性等离子刻蚀关键技术已经得到台积电、中芯国际、联华电子等主流晶圆厂的认可，订单数量不断攀升，是国内唯一同时打入 65 nm、14 nm、7 nm、5 nm 生产线的蚀刻设备开发商。在 MOCVD 设备方面，中微公司产品在国内市场已全面取代德国爱思强和美国维易科，获得 80% 的市场份额。截至 2018 年末，中微公司累计已有 1,100 多个反应台服务于国内外 40 余条先进芯片生产线。中微公司主要客户群体如表 9 - 7 所示。

表 9 - 7　中微公司主要客户群体

类别	客户类型	重要代表客户
刻蚀设备	集成电路制造商、半导体封测厂商	台积电、中芯国际、联华电子、华力微电子、海力士、长江存储、华邦电子、晶方科技、格罗方德、博世、意法半导体
MOCVD 设备	LED 芯片、功率器件制造商	三安光电、璨扬光电、华灿光电、乾照光电

中微公司经营业绩也持续改善。财务报告数据显示，2017 年、2018 年和 2019 年上半年，中微公司营业收入分别约为 9.72 亿元、16.39 亿元和 8.01 亿元，如图 9 - 1 所示。近三年复合年均增长率为 64%。2019 年上半年，公司归母净利润约为 0.30 亿元，已经连续两年半由亏转盈。如图 9 - 2 所示。

数据来源：公司招股说明书及2019年中期报告

图 9 - 1 中微公司 2016 年至 2019 年上半年营业收入及同比变化

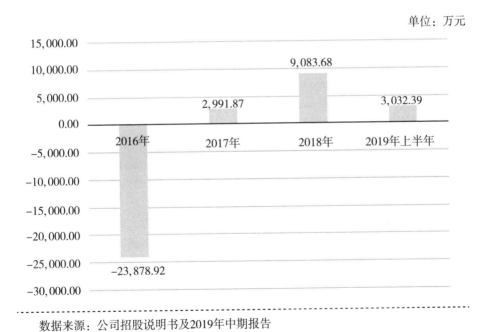

数据来源：公司招股说明书及2019年中期报告

图 9 - 2 中微公司 2016 年至 2019 年上半年净利润

中微公司知识产权创造、保护、运用能力得到了社会各界的认可，多次荣获"中国专利金奖""中国专利优秀奖""上海市发明创造奖""浦东新区优秀专利奖"，并分别于2017年、2018年连续入选科睿唯安发布的"2017年中国大陆创新企业百强""2018年中国大陆创新企业百强"。中微公司核心产品的专利布局，有效提升了产品议价能力和国际市场竞争力。

参考文献

［1］丘志乔 . 中国知识产权质押融资实证分析与研究［M］. 北京：知识产权出版社，2018.

［2］董涛 . 知识产权证券化制度研究［M］. 北京：清华大学出版社，2009.

［3］诸敏刚，李程 . 中国专利运营年度报告（2017）［M］. 北京：知识产权出版社：2018.

［4］俞兴保，等 . 知识产权及其价值评估［M］. 北京：中国审计出版社，1995.

［5］毛金生，等 . 专利运营实务［M］. 北京：知识产权出版社，2013.

［6］吴汉东 . 中国知识产权蓝皮书（2017—2018）［M］. 北京：知识产权出版社 .2019.

［7］刘海波，吕旭宁，张亚峰 . 专利运营论［M］. 北京：知识产权出版社，2017.

［8］中国技术交易所 . 专利价值分析与评估体系规范研究［M］. 北京：知识产权出版社，2015.

［9］刘伍堂 . 专利资产评估［M］. 北京：知识产权出版社，2011.

［10］戈登·史密斯，罗素·帕尔 . 知识产权价值评估、开发与侵权赔偿［M］. 夏玮，周叔敏，杨蓬，等译 . 北京：电子工业出版社，2012.

［11］马天旗 . 高价值专利筛选［M］. 北京：知识产权出版社，2018.

［12］诸敏刚 . 基于技术特征挖掘的专利价值评估指标体系研究［R］. 国家知识产权局，2018.

［13］丁吟菲 . 构建我国知识产权质押融资保险制度之研究［D］. 上

海：华东政法大学，2014.

[14] 邵文猛．知识产权信托制度研究［D］．郑州：郑州大学，2011.

[15] 王红兰．知识产权质押价值评估方法研究［D］．西安：长安大学，2011.

[16] 聂有福．综合性国家科学中心专利运营模式研究［D］．合肥：中国科学技术大学，2018.

[17] 王明．科技型中小企业知识产权质押融资风险分担机制研究［D］．重庆：重庆理工大学，2017.

[18] 浙江模式：从1.0"岸上游泳"到4.0"大海游泳"［J］．今日科技，2018（09）：2—4.

[19] 吴珂．知识产权质押融资：引活水 赋新能［N］．中国知识产权报，2019-03-27.

[20] 范晓波．知识产权价值决定：以经济学价值理论为视角的考察［J］．电子知识产权，2006（10）：20—24.

[21] 李清海，刘洋，吴泗宗，等．专利价值评价指标概述及层次分析［J］．科学学研究，2007，25（2）：281—286.

[22] 陈洁．国家知识产权竞争力评价指标体系研究［J］．商业经济研究，2010（1）：66—67.

[23] 李钊．基于层次分析法的企业专利评价体系［J］．中外企业家，2013（20）：1—3.

[24] 颉茂华，焦守滨．二叉树实物期权的知识产权价值评估定价研究［J］．中国资产评估，2014（4）：20—24.

[25] 周正柱，朱可超．知识产权价值评估研究最新进展与述评［J］．现代情报，2015，35（10）：174—177.

[26] 郑成思．论知识产权的评估［J］．法律科学：西北政法学院学报，1998（1）：44—52.

[27] 徐鉽．价值流转中的知识产权评估研究［J］．知识产权，2014

（6）：69—73.

[28] 常利民．我国专利运营对策研究 [J].电子知识产权，2014（8）：70—73.

[29] 魏永莲，傅正华．从技术市场视角看高校与技术转移：以北京市为例 [J].科学管理研究，2011，29（2）：43—46.

[30] 陆介平，林蓉，王宇航．专利运营：知识产权价值实现的商业形态 [J].工业技术创新，2015（2）：248—254.

[31] 张娇，汪雪锋，刘玉琴，等．京津冀地区中国专利技术转移特征 [J].科学管理研究，2017，37（22）：79—85.

[32] 傅绍明．专利权转让探讨 [J].中国发明与专利，2008（9）：51—53.

[33] 任剑新，张凯．空间框架下的专利许可：创新激励与福利分析 [J].中南财经政法大学学报，2016，217（4）：21—30.

[34] 冯晓青．我国企业知识产权质押融资及其完善对策研究 [J].河北法学，2012（12）：39—46.

[35] 陈见丽．中小型科技企业知识产权质押融资的风险控制 [J].经济纵横，2011（7）：113—116.

[36] 范建永，丁坚，胡钊．横空出世：知识产权金融与改革开放40年 [J].科技促进发展，2019（1）：45—53.

[37] 董文波．面向湖北科技型中小企业的知识产权金融发展对策研究 [J].湖北汽车工业学院学报，2019，33（01）：75—80.

[38] 罗勇．日本知识产权金融政策创新的经验：以知识产权证券化为例 [J].法制与经济，2018，450（09）：26—30.

[39] 罗勇．日本知识产权金融政策研究：以知识产权融资型信托为例 [J].法制与经济，2018，451（10）：31—33.

[40] 张涵宇，王子文，李天懋，等．我国知识产权金融创新发展研究 [J].国际金融，2018（8）：68—73.

［41］丁锦希，李伟，王中．知识产权质押融资激励政策研究：基于北京贴息模式的实证分析［J］．科技进步与对策，2012，29（21）：94—98．

［42］国家知识产权局公布 2018 年主要工作统计数据［EB/OL］．（2019－01－13）［2019－12－24］．http：//www. gov. cn/xinwen/2019－01/13/content_5357464. htm.

［43］国家知识产权局．提升综合运用效益 释放知识产权价值［EB/OL］．（2019－01－30）［2019－04－01］．http：//www. cnipa. gov. cn/mtsd/1135794. htm.

［44］国家知识产权局出台意见进一步推动知识产权金融服务工作［EB/OL］．（2015－04－08）［2019－03－28］．http：//www. sipo. gov. cn/zscqgz/1100593. htm.

［45］人民网．知识产权质押融资大有可为［EB/OL］（2018－10－31）［2019－03－28］．http：//ip. people. com. cn/n1/2018/1031/c179663－30373460. html.

［46］国家知识产权局关于在广州市等地区和单位开展专利质押融资及专利保险试点示范工作的通知［EB/OL］．（2016－08－15）［2019－04－02］．http：//www. sipo. gov. cn/ztzl/zlzyrzybx/1109807. htm.

［47］广州市市场监督管理局．广州市 2018 年专利质押融资同比增长 184%［EB/OL］．（2019－02－03）［2019－04－02］．http：//gzbak. gzaic. gov. cn/gzscjgj/zwdt_gzdt/201902/60d044a852d24356a199012710b54132. shtml.

［48］2018 年湖南专利权质押融资达 23.9 亿元［EB/OL］．（2019－01－28）［2019－04－02］．http：//www. iprchn. com/Index_ NewsContent. aspx? newsId＝113511.

［49］四川专利权质押融资新模式"遍地开花"［EB/OL］．（2018－01－08）［2019－04－02］．http：//www. sipo. gov. cn/dtxx/1107655. htm.

［50］中国知识产权报．天津：需求催生业务 专利融资"添财"

［EB/OL］．（2013 – 05 – 24）［2019 – 04 – 03］．http：//www. iprchn. com/
Index_ NewsContent. aspx？ newsId = 60487.

［51］南京发布知识产权质押融资风险补助实施细则［EB/OL］.
（2018 – 07 – 05）［2019 – 04 – 02］．http：//www. sipo. gov. cn/dtxx/1125877.
htm.

［52］南京日报. 市委 1 号文充分调动金融机构积极性 知识产权质押融
资，南京全省第一［EB/OL］．（2019 – 02 – 14）［2019 – 04 – 03］．http：//
www. nanjing. gov. cn/njxx/201902/t20190214_ 1403600. html.

［53］全面创新改革试验百佳案例之二：贷款、保险、财政风险补偿捆
绑的专利权质押融资机制［EB/OL］．（2018 – 10 – 29）［2019 – 12 – 20］．
https：//www. ndrc. gov. cn/fggz/cxhgisfz/201810/t20181029_ 1159152. html.

［54］探索职务科技成果权属改革打通科技与经济结合通道的"成都
经验"获国办"点赞"［EB/OL］．（2019 – 11 – 06）［2019 – 12 – 24］．
http：//www. gxyqy. com/News_ Show. asp？ NewsID = 17204.

［55］40 年飞跃! 创新成都凸显科技中心地位［EB/OL］．（2018 –
11 – 06）［2019 – 12 – 24］．http：//dy. 163. com/v2/article/detail/E0OI13
DN0511ABJ0. html.

［56］四川职位科技成果权属混合所有制改革催生 60 余家公司［EB/
OL］．（2019 – 05 – 27）［2019 – 12 – 24］．http：//www. sc. xinhuanet. com/
content/2019 – 05/27/c_ 1124544586. htm.

［57］Khoury S, Daniele J, Germeraad P. Selection and Application of
Intellectual Property Valuation Methods in Portfolio Management and Value
Extraction［J］．*Managing Intellectual Property*，2001，6（3）：77 – 86.

［58］Deger A. Patent Valuation and Real Options［J］．*Business and
Economics Research Journal*，2009，2（1）：153 – 154.

［59］Wu M C. Antecedents of Patent Value Using Exchange Option
Models：Evidence from a Panel Data Analysis［J］．*Journal of Business*

Research, 2011, 64（1）: 81 – 86.

[60] Fischer T, Leidinger J. Testing Patent Value Indicators on Directly Observed Patent Value – An Empirical Analysis of Ocean Tomo Patent Auctions [J]. *Research Policy*, 2014, 43（3）: 519 – 529.